LA CONQUÊTE DU PÔLE NORD

PAR

Wilfrid de Fonvielle

PARIS

E. PLON & Cie, ÉDITEURS

RUE GARANCIÈRE, 10

1877

LA CONQUÊTE

DU POLE NORD

PARIS. TYPOGRAPHIE DE E. PLON ET Cie, RUE GARANCIÈRE, 8.

LA CONQUÊTE

DU

POLE NORD

PAR

WILFRID DE FONVIELLE

PARIS

E. PLON ET Cie, IMPRIMEURS-ÉDITEURS

10, RUE GARANCIÈRE

—

1877

Tous droits réservés

LA CONQUÊTE

DU

POLE NORD

I

LES PROBLÈMES DES RÉGIONS ARCTIQUES.

On comprend sous le nom de régions arctiques toutes celles qui se trouvent au-dessus du 67e parallèle. Leur caractère commun est d'avoir, chaque été, une période d'au moins vingt-quatre heures pendant laquelle le soleil ne descend point au-dessous de l'horizon. Chaque hiver, une période de même longueur passe sans que la nuit soit dissipée par les rayons de l'astre autour duquel nous sommes enchaînés.

A mesure qu'on s'élève vers le pôle, la durée du grand jour d'été et de la grande nuit d'hiver va en augmentant. Les marins de la dernière expédition anglaise, qui ont séjourné sous des latitudes qu'on n'avait point encore atteintes, sont restés cent qua-

rante-deux jours sans voir le soleil pendant la durée
de l'hiver dernier.

Grâce à leurs récentes découvertes, on peut se faire
une idée assez exacte de la géographie de ces régions
épouvantables, qui comprennent la partie boréale de
trois parties du monde : l'Amérique, l'Europe et
l'Asie.

L'Amérique se termine par un vaste archipel,
presque désert et presque toujours glacé, qui s'étend
au nord de la baie d'Hudson. Si les détroits qui
séparent ces îles nombreuses n'étaient point toujours encombrés de banquises, on pourrait passer de
l'océan Pacifique à l'océan Atlantique sans grandes
difficultés.

La partie boréale de ces terres glacées se nomme
la terre de Grant; elle est terminée par le cap Co-
lumbia, qui se trouve sur les bords de la mer Polaire,
par 83° de latitude.

L'Amérique est séparée de l'Europe par une vaste
baie connue sous le nom de mer de Baffin. Dans le
fond de cette mer débouche un immense canal, long
de cent cinquante lieues, et par lequel les Anglais ont
pénétré jusqu'aux bords de l'Océan glacé du nord. Ce
canal prend le nom de détroit de Smith près de son
embouchure; plus haut, il s'appelle canal de Kennedy, puis il devient le bassin de Hall, enfin le détroit de Robeson.

La rive orientale appartient à l'Europe. Elle est
formée par une vaste terre qui se nomme le Groën-

land, dont la côte septentrionale, située sur l'océan Polaire, est mal connue. Elle peut même se prolonger vers le pôle, car on a entrevu, vers le 83ᵉ parallèle, des montagnes élevées qui peuvent s'y rattacher. Sa superficie est presque égale à celle de l'Europe. Sa côte occidentale est la seule qui soit habitée et où les Danois aient formé des établissements. Sa côte orientale, bien plus encombrée de glaces, n'a pu être explorée que jusqu'au 78ᵉ degré.

On doit rattacher à l'Europe l'Islande, île à peu près aussi étendue que l'Irlande, qui a joui longtemps d'une grande civilisation et qui est une partie importante de la monarchie danoise.

Nous y placerons encore le Spitzberg, immense archipel désert qui s'étend jusqu'au 81ᵉ degré et au nord duquel flottent d'immenses banquises sur lesquelles des explorateurs anglais, se hasardant, il y a un demi-siècle, ont pénétré jusqu'au 83ᵉ degré.

Nous rattacherons à l'Asie la Nouvelle-Zemble, autre archipel également désert, qui ne s'élève qu'au 80ᵉ degré, et au nord duquel se trouvent des terres récemment découvertes et encore mal connues. L'archipel François-Joseph pourra être considéré comme une autre dépendance de l'Asie.

Les régions situées sur la mer de Behring, au nord du fameux détroit qui sépare l'Amérique de l'Asie, sont encore très-peu connues, et les explorateurs n'ont point encore pénétré, de ce côté, à des latitudes très-élevées.

Nous ne pouvons, nous autres qui vivons dans des régions tempérées, nous faire une idée exacte et précise des températures terribles que subissent les habitants de ces régions.

D'après les mesures prises par le chapelain de la *Discovery,* le thermomètre est descendu, en hiver, à 60° centigrades au-dessous de zéro, et, en été, il s'est élevé, au soleil, jusqu'à 48°. La différence des températures extrêmes auxquelles les derniers explorateurs du pôle nord ont été exposés est donc de 108°. Elle dépasse de 8° la distance thermométrique qui sépare l'eau bouillante du point de congélation.

Si la nature a refusé aux régions polaires la verdure des forêts, la splendeur des récoltes, la richesse des parfums, elle leur devait quelque compensation. Alors que la terre s'est couverte d'un impénétrable manteau de neige, le ciel s'illumine de splendeurs incomparables. Quoique nous n'apercevions, dans nos climats tempérés, que leurs derniers reflets, atténués par la distance, elles produisent une impression que le temps n'efface jamais complétement. Qui ne se rappelle encore les nuits splendides de novembre 1870, alors que le ciel embrasé semblait annoncer les incendies futurs du grand Paris pétrolé?

Quelle ne doit pas être l'émotion du marin qui, à travers les ouvertures de sa maison de neige, jette un regard furtif sur tant de splendeurs et se croit le jouet de quelque hallucination inouïe!

Aussi, la plupart des hommes qui ont admiré ces

scènes, aussi émouvantes que terribles, ne quittent-ils jamais le pôle sans esprit de retour. On a vu presque toujours les explorateurs, qui avaient échappé par miracle à de premiers dangers, revenir à plusieurs reprises dans ces mers orageuses, attirés par la force invincible qui enchaîne le papillon autour d'une flamme. Bien des fois, hélas! au lieu de se brûler les ailes, ils sont venus y périr de faim, de misère et de froid.

Les jeunes Esquimaux que les explorateurs du pôle nord ont ramenés en Europe et en Amérique sont toujours retournés dans leurs glaces natales, depuis Sakheuse, le guide de Ross, jusqu'à ce brave et malheureux Hans, dont nous aurons tant de fois à parler.

La plupart des animaux qui vivent sous ce cercle terrible, dont Dante aurait pu ajouter la description à celle de son Enfer, cherchent un refuge dans le sein de l'Océan. Ceux que leur organisation attache à la surface de la terre ne quittent jamais les bords de la mer. Ils y passent une partie notable de leur existence. L'homme arctique lui-même peut être considéré comme un amphibie.

Lorsque l'hiver arrive, les grands mammifères tombent dans une incompréhensible torpeur qui les soustrait à tous les besoins de la vie. Les hyperboréens, qui n'ont point cette faculté, creusent sous la neige des terriers où ils restent tapis en attendant la fin des grands froids.

Les peuplades que les voyageurs ont rencontrées

dans ces régions si rudes appartiennent à une race mystérieuse dont on ignore l'histoire et l'origine.

La version la plus probable consiste à croire que chassées par des ennemis puissants, elles se sont fixées malgré elles dans une aussi horrible patrie, à laquelle elles n'ont pu se résigner sans avoir versé bien des larmes, mais à laquelle elles se sont parfaitement habituées sans que leur organisation se soit modifiée. Car, malgré une habitation de plusieurs siècles, dans ces froids épouvantables elles n'ont acquis aucun organe particulier. La peau de ces compatriotes de l'ours blanc est aussi dégarnie que la nôtre; la nature ne leur a pas donné un poil de plus qu'à nous.

C'est par des Européens que la principale terre de ces régions, le Groënland, fut peuplée. Les premiers colons furent des Scandinaves, conduits par un navigateur nommé Erik le Rouge.

Les rois de la mer s'établirent sur les bords de golfes profonds, alors ombragés par des forêts de conifères qui, depuis, ont disparu. Ils avaient formé au moins une soixantaine de villages dont les chroniques de l'Islande ont conservé les noms.

Tout à coup on vit descendre, des profondeurs insondées des glaciers, des hommes de petite taille, mais puissamment armés et doués d'une intrépidité inouïe. La lutte entre les géants et les nains était inégale; la victoire appartint aux pygmées, qui, circonstance bizarre, ne savaient point eux-mêmes d'où ils sortaient.

Les colosses furent écrasés, exterminés ou subjugués. Tous rapports cessèrent pendant cinq à six siècles avec le monde civilisé.

Ces barbares triomphèrent sur les rives de l'Océan glacé, comme d'autres barbares, huit siècles auparavant, sur les bords de la Méditerranée.

Il ne reste de ces luttes, auxquelles il ne manque qu'un Homère, que quelques traditions confuses recueillies de nos jours par le docteur Rink, un inspecteur du Groënland.

Mais la dernière révolution politique dont ces régions furent le théâtre s'accomplit d'une façon pacifique. On ne vit plus des César ou des Alexandre au petit pied se disputer la possession d'empires de neige, où aucun arbre ne poussait.

Six siècles après l'extermination des Scandinaves, un roi de Danemark eut l'idée d'employer les régions glacées du nord à supprimer l'échafaud. Il y expédia quelques condamnés à mort, espérant qu'en face de cette nature sauvage ils se réhabiliteraient par la douleur ou le travail et deviendraient d'utiles citoyens.

L'expérience tentée sur une poignée de scélérats réussit à merveille, et le Groënland, éternel honneur, servit de modèle aux colonies pénitentiaires d'Australie. (V. page 13.)

L'habitant du cercle polaire est trop occupé à lutter contre la misère, le froid, les brutes et la tempête pour ne point comprendre combien l'homme est faible, quel impérieux besoin est la fraternité.

Quelquefois les explorateurs ont eu à lutter contre des tribus violentes et assassines, mais presque toujours ces barbares leur ont donné une aide et un concours que leurs propres compatriotes leur auraient peut-être refusés.

Dans les régions les plus ravissantes de la Grèce, on a vu des Dracon écrire leur code avec du sang. Les législateurs des colonies danoises sont les Frères moraves. De toutes les sectes chrétiennes, il n'y en a pas qui soit plus fidèle à l'esprit évangélique ni qui pratique la morale du Christ avec plus de charité.

Comme si tout devait donner un démenti aux théories matérialistes, l'homme est partout la négation audacieuse de la nature. Il est farouche, indomptable dans les régions heureuses des tropiques, où la nature semble sourire à toutes ses passions.

Le caractère des indigènes du pôle glacé est d'une si grande douceur, que les mots injurieux n'y existent point. La colère, faute de termes pour s'exprimer, se contente de garder le silence.

Peut-il en être autrement quand la tribu passe de longs hivers dans les ténèbres, tous côte à côte, se chauffant au même foyer, et sans autre distraction que les plaisirs de la conversation? Que deviendrait l'homme, quand la mort l'assiége de toutes parts, si la nature hostile avait des intelligences dans la place, si la discorde lui ouvrait la porte du réduit obscur où l'homme attend que le soleil recommence à briller?

De toutes les nations, celle des Hyperboréens habite certainement l'empire le plus vaste ; car son domaine s'étend sur une zone plus vaste que le Sahara.

Les tribus, composées d'un petit nombre de familles, sont séparées par des distances immenses beaucoup plus difficiles à franchir que les sables du désert ; cependant, elles offrent les unes avec les autres la plus prodigieuse affinité de mœurs, de conformation et même de langage. Sans grammaire, sans écriture, sans littérature, le vocabulaire s'est merveilleusement conservé avec une incroyable unité.

C'est dans les régions souterraines où les Grecs et les Romains plaçaient leurs damnés que les tribus du cercle polaire ont mis leur paradis. La grande torture qu'elles réservent aux criminels est d'habiter éternellement les régions d'où soufflent des vents glacés, d'où tombent les neiges, les grêles, et que le feu froid des aurores parcourt si fréquemment. La volupté suprême de l'honnête Innuit qui a combattu les ours blancs, les narvals et les phoques, est de descendre, après sa mort, dans des cavernes profondes et de se chauffer, jusqu'à la fin des siècles, à la chaleur des laves et des volcans.

Quels beaux problèmes psychologiques ne soulève point l'étude d'une si étrange théogonie, dont on retrouve les traces chez tous les membres d'une famille dont l'éparpillement n'est pas moins surprenant que celui des enfants de Noé !

Ce qui rend cette unité merveilleuse extraordinairement intéressante, c'est que ces croyances sont

1.

peut-être celles de nos pères, alors qu'ils habitaient les cavernes où nous trouvons leurs ossements mélangés avec des haches de pierre. L'Hyperboréen est peut-être tel aujourd'hui près du pôle nord, qu'il était sur les bords de la Loire et de la Seine, quand les animaux du pôle s'y trouvaient avec lui.

Qu'était alors le Groënland à cette époque ? Redoutable question que la géologie du pôle nous permettra peut-être de résoudre un jour.

Plusieurs grands faiseurs d'hypothèses prétendaient qu'une mer libre couvre la surface du pôle, et que la vie y est douce, chaude, facile. La grande expédition du capitaine Nares vient de nous apprendre que cette région déserte, inhabitable, est occupée par une éternelle banquise que le soleil est obligé de respecter.

Qui sait si les expéditions futures ne nous rendront point le service de convaincre de mensonge ces astronomes matérialistes qui nous enseignent, sous la foi d'équations incompréhensibles, que le pôle de rotation de la terre ne peut changer de place, et que cette zone désolée n'a jamais quitté les points où nous la voyons installée ?

Mieux vaudrait savoir que des glaces épaisses viendront un jour de nouveau recouvrir le sol de notre belle France, que d'ajouter foi à une science grossière, imparfaite, qui prétend enchaîner la Providence elle-même. Car, envisagées de haut et de loin, ces grandes catastrophes naturelles faisant partie d'un merveilleux plan providentiel de renouvellement du monde, nous donnent une exacte mesure de la grandeur et de la miséricorde de Dieu.

Mais tels ne sont pas les seuls grands problèmes scientifiques dont la solution doit être poursuivie à tout prix jusque dans les latitudes les plus impénétrables.

A la fin du dix-septième siècle, le grand Halley, l'ami, le confident de Newton, avait eu l'idée de tracer sur une mappemonde les différentes positions que prend la boussole et de rechercher quelle devait être la disposition du pouvoir mystérieux de la terre pour produire une telle répartition.

Le grand astronome auquel on doit l'observation des passages de Vénus n'avait point tardé à reconnaître qu'on ne pouvait expliquer les inflexions singulières de ces courbes et de l'équateur magnétique à l'aide d'un seul aimant. Pour rendre compte de toutes ces inflexions, il dut supposer que la terre renferme dans son sein deux immenses aimants placés en croix, qu'il y a deux pôles pareils dans l'hémisphère austral, et deux autres identiques dans l'hémisphère boréal.

Les idées d'Halley furent étendues au commencement du siècle par un physicien scandinave, directeur de l'observatoire de Christiania.

Le grand Hansteen nous démontra que ces deux aimants ne pouvaient être assimilés à des objets matériels renfermés dans les profondeurs de la Terre.

En effet, la découverte de l'action des courants sur les aimants par OErsted avait conduit Faraday à découvrir à son tour l'électricité d'induction. Il vit qu'aucun des deux aimants que notre globe semble renfermer n'a une existence matérielle. Il n'y a pas dans les profondeurs du globe deux amas d'oxyde magnétique exerçant à distance leur attraction. Ces étonnants phénomènes sont le résultat des mouvements des corps célestes. L'aimant principal, dont le pôle boréal paraît être au nord de l'Amérique, est produit par la rotation de la terre autour du soleil, qui la magnétise fortement. L'aimant accessoire, presque aussi énergique que le premier, et dont le pôle boréal semble être en Sibérie, est produit par le mouvement beaucoup plus rapide de la lune, qui, grâce à sa distance quatre cents fois moindre et à sa rotation treize fois plus rapide, parvient à rivaliser de puissance aimantante avec l'astre gigantesque notre maître commun.

OErsted, Hansteen et Faraday tirèrent de ces grandes découvertes une théorie sublime que l'on a dédaignée dans la patrie d'Arago. Tous les astres sont doués de magnétisme par suite de l'action du soleil qui les influence en même temps qu'il les échauffe. Ce sont ces attractions et ces répulsions qui, merveilleusement balancées par des lois sublimes, produisent l'éternelle harmonie de leurs révolutions. Qui sait si, réagissant à leur tour sur le foyer du monde, qu'éclairent d'éternelles aurores boréales, ils ne pro-

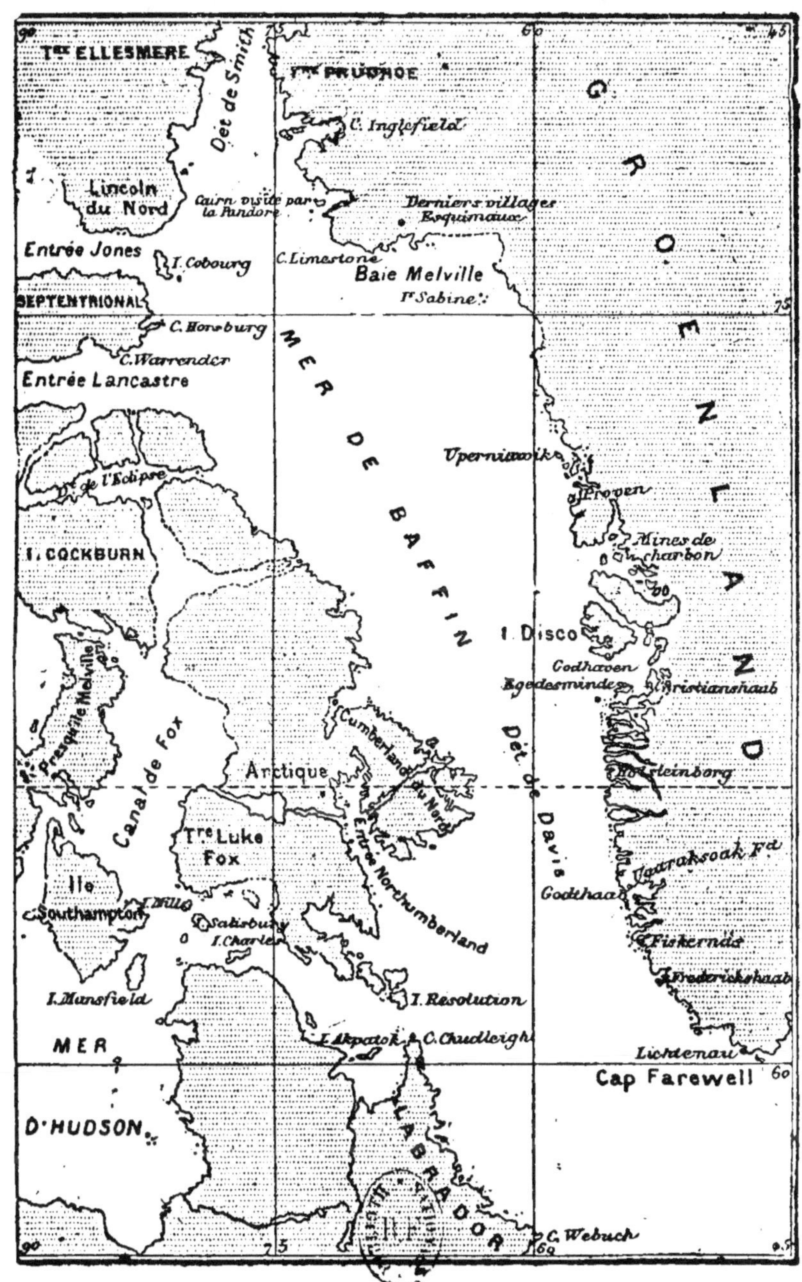

Carte du Groënland et de la baie de Baffin. (V. page 7.)

duisent point par le fait de leur mouvement cette lumière admirable dont la régularité est si grande, et dont la puissance incommensurable donne aux vrais philosophes un moyen d'apprécier la grandeur de Dieu ?

II

LES ANCIENNES EXPÉDITIONS ANGLAISES.

L'honneur de s'être préoccupé les premiers de l'exploration des régions boréales appartient aux Anglais. C'est du temps de Henri VIII que nos voisins comprirent la nécessité de faire cesser l'ignorance absolue dans laquelle on vivait sous ce rapport.

Mais ce n'était pas l'intérêt de la science qui poussait le grand monarque. Il ne se préoccupait que du moyen de trouver une route qui rendît le commerce anglais indépendant des Espagnols et des Portugais, ces tyrans des régions tropicales.

Ce fut un Vénitien nommé Cabot qui lui fit des propositions analogues à celles que Ferdinand et Isabelle de Castille reçurent du grand Génois Christophe Colomb.

Sébastien Cabot et ses trois fils furent donc autorisés à gagner les Indes en passant par le nord-ouest. On leur permit également de conquérir au nom de la couronne d'Angleterre toutes les terres qu'ils découvriraient, et dont le gouvernement devait, bien entendu, leur être réservé.

C'est l'*auri sacra fames* qui conduisit les premiers Anglais dans ces océans glacés. Plus de deux siècles s'écoulèrent avant qu'un but purement scientifique les décidât à braver toutes les terreurs et tous les dangers de cette épouvantable navigation. On a beau calomnier notre âge, c'est le seul où des expéditions comme celles de l'*Alert* et de la *Discovery* soient devenues possibles. Encore rencontre-t-on nombre de sceptiques qui feraient volontiers un crime au gouvernement d'un grand pays de prodiguer l'or et le sang des citoyens pour des voyages dont le commerce et l'industrie semblent ne tirer aucun parti !

La découverte du Canada, qui devait être une possession si précieuse pour l'Angleterre et que tant de sang anglais devait payer si chèrement, parut un résultat insignifiant au monarque britannique.

Cabot, qui cherchait autre chose que des terres à moitié gelées, fut prodigieusement mortifié de n'avoir rencontré que des régions agrestes, rocailleuses, peuplées par des tribus farouches, difficiles à dompter.

Cet homme, qui venait de si loin à la poursuite de la gloire, se montra insensible à la gloire qu'il trouvait sous ses pas. Il n'eut pas l'air de s'apercevoir que sa bonne étoile lui réservait un honneur inouï.

Pas plus que Colomb, il n'avait découvert une route des Indes ; mais il était le premier Européen, si l'on excepte les Normands du moyen âge, qui eût mis le pied sur un point quelconque du nouveau continent.

Cabot abandonna donc le service de la couronne d'Angleterre ; mais le roi ne renonça point aux espérances que le Vénitien avait fait briller à ses yeux.

En 1527, Henri VIII envoyait à la recherche du passage des Indes une seconde expédition commandée par Thorne, pilote de Bristol, et composée de deux batiments.

A cette époque, les historiens ne s'occupaient guère des voyages maritimes, surtout lorsqu'ils n'étaient point suivis de découvertes brillantes. Ce que l'on sait de cette tentative se borne à bien peu de choses. Il paraît qu'un des deux navires périt dans les régions inconnues du nord, et que l'autre eut grand'peine à regagner l'Angleterre.

L'expédition suivante ne mit à la voile que neuf années plus tard, en 1536. Elle ne fut point équipée par le roi, mais par des habitants de Londres. Elle se composa, comme la précédente, de deux navires dont le commandement fut confié à un certain Hore, que l'on dépeint comme un homme d'un grand courage, d'une haute stature, d'une éloquence entraînante et d'une intelligence élevée.

Hore avait recruté ses équipages non pas seulement parmi des marins de profession. Il avait à bord de ses deux navires des gentlemen et même des membres de la basoche londonienne, passionnés pour les aventures extraordinaires, au-devant desquelles ils couraient avec un entrain tout moderne.

Avant de quitter Gravesend, les équipages de la

Trinité et de la *Mignon* se confessèrent, assistèrent à la messe et reçurent même le sacrement de la communion.

Mais ces cérémonies religieuses ne paraissent avoir que médiocrement développé le sentiment de charité dans leur cœur.

Un certain Daubeny, qui faisait partie de l'expédition, et dont il n'y a point de motifs pour suspecter le témoignage, raconte que les Anglais commencèrent par commettre contre les indigènes des actes de violence dont ils ne tardèrent pas à se repentir; car ils créèrent le vide autour d'eux dans des régions désolées où l'homme civilisé ne peut se passer de l'amitié de l'homme sauvage. Ils cherchèrent à s'emparer des Esquimaux qui accouraient autour des navires avec leurs étranges embarcations, faites en peau de phoque et semblables aux périssoires des régates d'Asnières, de Saint-Cloud ou d'Argenteuil.

Ces hommes amphibies parvinrent sans peine à s'esquiver; on les poursuivit jusque dans le pauvre village composé de tentes fabriquées en même étoffe que leurs embarcations. Ils disparurent dans les glaciers, et les envahisseurs eurent pour tout butin un quartier d'ours qui rôtissait devant un bon feu.

La famine décima bientôt un équipage peu fait aux fatigues de la mer, et qui, ignorant l'art du pêcheur de baleine ou de phoque, demanda à la terre une subsistance que dans ces latitudes l'Océan peut seul donner. Un matelot, s'étant pris de querelle avec un de ses camarades, le tua et le mangea. Quelques-uns, invités par le meurtrier à goûter cette chair, trouvèrent que cette horrible nourriture était préférable à une mort lente. Les crimes analogues se multiplièrent jusqu'à ce que Hore s'aperçût, trop tard, de ce qui se passait, eût horreur de commander à des cannibales, et donnât ordre de retourner promptement en Angleterre, où il ramena avec peine ses équipages décimés par de honteux assassinats.

Ainsi finit par une série de forfaits épouvantables une campagne commencée avec enthousiasme et inaugurée par des prières et des bénédictions.

Ce désastre mit un temps d'arrêt aux expéditions. C'est seulement en 1553, lors de la mort d'Édouard VI, fils de Henri VIII, que les marchands de Londres réunirent les capitaux nécessaires pour envoyer trois navires dans l'Inde en suivant la route qui avait si mal réussi.

Le commandement en fut confié à sir Hughes Willoughby. Ce ne furent pas cette fois des moines et des prêtres qui saluèrent le départ des hardis navigateurs. On était au mois de mai, sous le règne éphémère de cette pauvre Jane Gray, qui devait durer moins que les roses, alors à peine épanouies.

La cour se rendit à Greenwich pour assister au départ des héroïques aventuriers.

La fête fut galante et somptueuse. On donna aux équipages des vêtements bleu de ciel, richement enrubanés. Rien n'était plus coquet que de voir les matelots courir dans les vergues, saluer, pousser des hourras, et faire des décharges de mousqueterie en l'honneur de cette reine d'un jour que la hache du bourreau attendait déjà.

L'histoire des malheureux qui partaient si gaiement est une des plus terribles que les chroniques dramatiques et sombres du pôle nord aient à enregistrer.

L'expédition parvint à atteindre de hautes latitudes que les géographes ne purent parvenir à préciser. Mais ils ne tardèrent pas à voir se dresser devant eux la terrible banquise que nul être humain n'a pu franchir.

Willoughby fut obligé de battre en retraite vers le sud. Il eut la mauvaise idée de chercher un refuge en Laponie.

Quoique appartenant à l'Europe continentale, cette terre déshéritée offrait alors moins de ressources que l'*Alert* et la *Discovery* n'en ont rencontré, en 1876, sur les côtes du Groënland.

Le froid qui surprit les équipages fut si terrible que les malheureux matelots ne purent y résister. Ils périrent jusqu'au dernier.

L'émotion publique fut profonde quand on connut le récit des marins qui allèrent à la recherche des naufragés.

On trouva les cadavres tapis dans les retraites où la gelée les avait roidis et pétrifiés. Ils avaient encore, comme les hommes changés en marbre des *Mille et une Nuits,* conservé les différentes attitudes de la vie.

Pour retrouver l'exemple d'une catastrophe aussi soudaine, il faut remonter jusqu'à l'explosion du Vésuve, qui ensevelit sous une pluie de cendres Herculanum et Pompéi. Un des trois navires échappa seul au désastre, grâce à l'intelligence et à l'humanité de Chancelor qui le commandait. Au lieu de rudoyer les habitants, alors sauvages, de la Laponie, cet habile capitaine les traita avec les plus grands égards et s'en fit des amis. Aussi, quand il fut cerné par les glaces et privé de toutes ressources, les populations voisines vinrent à son aide. Elles lui vendirent des provisions, lui apprirent à vivre de la chasse et de la pêche, enfin lui donnèrent le moyen d'attendre le retour de la belle saison.

Né diplomate, Chancelor résolut d'utiliser son voyage pour étendre les relations commerciales de sa patrie. Il se rendit à la cour du czar de Moscovie, monarque barbare dont l'Europe d'alors ignorait en quelque sorte l'existence. Il obtint ainsi de grands priviléges qui permirent à la compagnie de prospérer et de faire, quelques années plus tard, les fonds d'expéditions analogues à celles de Willoughby.

La reine Élisabeth, qui avait hérité de la couronne et de la politique de Henri VIII, ne pouvait manquer de donner une vive impulsion aux découvertes dont le but était d'affranchir la marine anglaise des entraves que les croiseurs espagnols et portugais ne cessaient de mettre aux voyages dans les Indes.

Lorsque le chevalier Frobisher, qui avait vainement cherché à monter une compagnie pour la découverte du passage du nord-ouest, s'adressa à la reine et à ses ministres, ses propositions furent acceptées avec empressement. Frobisher obtint sans peine tout le concours qu'il cherchait.

C'est en 1576, il y a juste trois siècles, que ce hardi navigateur partit pour sa première expédition. Il découvrit sur la côte de l'île de Cumberland un golfe très-allongé qui porte son nom et qu'il prit pour un détroit.

C'est un genre d'erreur auquel les navigateurs des mers polaires sont constamment exposés. En effet, les convulsions volcaniques qui ont tiré du fond des océans ces régions si affreusement ravagées par le froid ont été d'une violence inouïe. Le sol s'est effrondré, crevassé de mille manières; l'eau des mers a pénétré dans une multitude de canaux plus profonds que les fiords des côtes d'Islande ou de Norwége.

Mais comment suivre les détours de ce labyrinthe humide, quand la terre est couverte d'un épais manteau de neige et de glace, dont les plis sont assez amples pour s'étendre également sur l'Océan?

Aucun moyen pour vérifier si le Groënland lui-même est un archipel, comme le veulent quelques géographes, ou un véritable continent, comme on le croit communément.

Frobisher pénétra dans des régions où sans lui l'homme n'aurait jamais porté ses pas; car les baleines qui flottaient à la surface de la mer ne se dérangèrent point en voyant approcher ses vaisseaux. Une d'elles, heurtée vivement par une proue aiguë, fit entendre un énorme gémissement et disparut. Le lendemain on la trouva flottante ; elle avait expiré des suites de cette étonnante collision.

Depuis lors le géant des mers a appris qu'un atome hardi le traque et le perfore. Les baleines au milieu des banquises sont devenues aussi timides que les lièvres dans nos champs.

Frobisher revint en Angleterre, rapportant un minerai noirâtre qui n'était qu'un schiste carbonifère contenant du mica. Comme la chimie était encore dans l'enfance, les savants de Londres confirmèrent le dire du hardi marin, et annoncèrent comme lui qu'un inépuisable gisement d'or avait été trouvé.

Pendant longtemps il ne fut question à la cour que de cette grande découverte. La reine Élisabeth n'avait plus rien à envier au roi d'Espagne. Le pôle allait donner des mines comparables à celles du Mexique et du Pérou.

Cette erreur permit à Frobisher de faire deux nouvelles expéditions qui furent aussi infructueuses, au point de vue de la découverte des mines, que pour le passage des Indes ; mais on fit quelques observations qui attirèrent l'attention sur les propriétés de l'aiguille aimantée et contribuèrent à la fondation d'une science plus utile à l'humanité que tous les métaux précieux du nouveau continent.

Un des courtisans de la reine Élisabeth, sir Henry Gilbert, voulut rivaliser avec Frobisher. Dans le second de ses voyages il prit possession de l'île de Terre-Neuve, un des plus utiles joyaux de la couronne britannique.

Cette conquête si précieuse passa alors presque inaperçue. La reine ne comprit pas qu'on avait ajouté à son royaume une province qui, quoique couverte de neige et de glace pendant une partie notable de l'année, vaudrait à ses successeurs plus de gloire et d'argent que les riches mines qu'elle enviait toujours à Philippe II, car la pêche du banc de Terre-Neuve fut la rude école où se formèrent les marins d'élite qui conquirent le monde au pavillon anglais.

Sir Henry Gilbert fut moins heureux que son rival. Il disparut, et personne n'a recherché les traces de son expédition. La mer n'a rendu ni un cadavre ni une épave pouvant permettre de deviner le sort qui l'avait frappé.

La catastrophe de sir Henry Gilbert ne tarda point à enflammer le courage d'un autre marin anglais. Cet homme courageux et habile ne fut autre que le célèbre Davis, un des capitaines les plus renommés du port de Londres. Les marchands de la Cité frétèrent encore deux navires dont le commandement lui fut confié. L'expédition se composait de deux barques, l'une de trente-cinq tonneaux, le *Rayon de soleil*, et l'autre de cinquante tonneaux, le *Clair de lune*.

Glace vue par Scoresby. (V. page 47.)

Quatre marins du *Rayon de soleil* savaient jouer de la flûte, afin de distraire les équipages pendant les longues nuits du pôle. On eût dit des disciples d'Orphée allant à la conquête du monde. Qui sait si les accents de la musique, tout-puissants sur les faunes de Grèce, n'auraient pas quelque charme pour les sauvages du Nord?

Davis suivit les côtes occidentales du Groënland jusqu'au 73º degré de latitude boréale; il avait découvert le détroit qui porte son nom.

Il sut vivre en excellente intelligence avec les indigènes, qui lui donnèrent des vivres en abondance, et, ce qui n'était pas moins précieux, beaucoup de renseignements, aussi complets qu'ils peuvent l'être par signes.

Il revint en Angleterre, persuadé qu'au nord du détroit dont il avait enrichi la géographie, s'épanouissait un immense bassin océanique. Malheureusement il voulut renforcer sa flotte, et il prit avec lui un troisième navire, la *Mermaïd*, du port de cent vingt tonneaux.

Après avoir franchi de nouveau le détroit de Davis, il atteignit en effet un bassin d'eau bleue qu'aucune côte ne limitait. Mais, lorsqu'il voulut se lancer dans cet océan inconnu, l'équipage de la *Mermaïd* refusa de le suivre. Craignant de mécontenter ses armateurs et le secrétaire de la marine s'il persistait à s'aventurer, Davis battit en retraite et laissa à ses successeurs le soin de continuer ses glorieux travaux.

L'expédition d'Hudson, qui mit à la voile au printemps de 1607, fut organisée par la compagnie de Moscovie. Créée à la suite d'une expédition polaire, cette puissante société n'était point ingrate. Elle ne rougissait pas de son origine comme tant de parvenus.

S'il faut en croire certains chroniqueurs, dont le récit ne peut être que difficilement contrôlé, Hudson aurait obtenu un succès inespéré, car il ne se serait arrêté qu'après avoir côtoyé tout le Spitzberg et être parvenu au 81e parallèle, c'est-à-dire aux colonnes d'Hercule que Parry ne devait point franchir.

L'année suivante il résolut de suivre la côte occidentale du Groënland. On sait combien cette région est encombrée de glaces ; aussi ne sera-t-on point étonné d'apprendre qu'il fut arrêté dès le 75e parallèle. Les marins allemands qui s'obstinent à tenter cette route ne sont guère de nos jours parvenus plus haut.

L'année 1605 avait été très-froide, et la banquise était descendue beaucoup plus bas. Hudson ne peut recommencer sa tentative. Furieux de ce contretemps inattendu, le vaillant navigateur met le cap à l'ouest. Heureuse infortune qui devait l'immortaliser.

Après quelques jours de navigation il arrive devant un immense estuaire, il a devant lui la belle rivière où s'élève actuellement la capitale des États-Unis. La situation de New-York était si heureuse que des colons ne tardèrent point à s'y établir. Quelle réponse glorieuse aux esprits étroits qui nient les avantages des expéditions polaires! Quel exemple écrasant à servir à ceux qui prétendent, même encore aujourd'hui, qu'il n'y a que des rêveurs qui puissent se préoccuper de pareils problèmes!

Quoique le pavillon britannique ne flotte plus à New-York, que l'aveuglement d'un monarque et d'un ministère a rendue indépendante, on ne doit pas oublier que les côtes de la Nouvelle-Angleterre furent découvertes par les navigateurs du pôle nord. L'amirauté britannique ne fait donc que payer une vieille dette de reconnaissance en consacrant à la solution de ce grand et beau problème une partie des trésors de la nation.

Comprenant enfin que le passage du nord-ouest ne peut être cherché dans des latitudes aussi basses, Hudson revient en Angleterre pour ravitailler son navire, puis il part une quatrième fois plein d'espoir. Avant d'avoir quitté de vue les côtes d'Angleterre, une sédition éclate à bord, provoquée par l'homme qu'on lui a donné pour second; mais un marin comme Hudson ne se laisse point arrêter par un pareil obstacle : il débarque l'insubordonné et continue sa route sans s'apercevoir que la rébellion a laissé des traces que les souffrances vont bientôt développer.

Il rencontre un détroit au bout duquel se trouve une mer peu profonde, mais immense. Sont-ce les eaux mystérieuses qui conduisent à la mystérieuse Cathay?

Le jour commence à baisser, le froid devient piquant, il est impossible de pousser plus avant.

Les matelots demandent à retourner en Angleterre, mais Hudson refuse avec indignation. Il faut hiverner dans ces régions lointaines, inconnues, terribles. Au retour de la lumière on sera prêt à profiter des premiers rayons. Parti sage autant qu'héroïque, conçu avec hardiesse, exécuté avec prudence. Malheureusement la longueur de l'hiver, et les privations inouïes auxquelles les compagnons d'Hudson ne s'attendaient pas, enflammèrent les mauvaises passions des matelots.

Les marins jurèrent de se venger de l'homme qui les avait conduits dans ces effroyables périls. Ils se saisissent d'Hudson, de son fils, du charpentier, qui avait pris noblement son parti, et de cinq matelots malades qui eussent été un embarras. Ils jettent ces huit malheureux dans une barque, et ils mettent le cap sur l'Angleterre après avoir accompli cet épouvantable forfait.

La fortune réservait à tant de scélératesse un châtiment terrible, quoique moindre que celui qu'ils méritaient.

Le chef des révoltés et cinq de ses compagnons furent tués par les Esquimaux.

Le nouveau crime qu'ils voulaient commettre pour arracher des vivres, qu'on leur eût offerts s'ils avaient été honnêtes, ayant été inutile, ils se trouvèrent sans ressources. La plupart expirèrent dans les tortures de la faim. Quelques-uns arrivèrent en Angleterre épuisés de fatigues, écrasés de remords et d'émotions. Il semble qu'ils vont rendre compte à la justice de leur effroyable conduite et que le bourreau va venger Hudson. Mais ce sont d'habiles navigateurs qui savent faire briller de magnifiques espérances aux yeux des chefs de la compagnie.

Ceux qui sont morts sont morts, les marchands ne songent qu'au parti qu'ils peuvent tirer des vivants. Révélé tardivement, le crime n'est point puni; les débris de l'équipage, renforcés par de nouvelles recrues, partent pour de nouveaux voyages.

Nul ne connaît le sort d'Hudson et de ses compagnons. On ignore s'ils ont été engloutis par les eaux ou par les neiges, s'ils se sont mangés les uns les autres comme les compagnons de Willoughby, ou si, plus heureux, ils ont été étouffés et dévorés par un ours blanc.

De même que la catastrophe du capitaine Franklin, deux siècles plus tard, celle d'Hudson devint le point de départ de nombreuses expéditions dirigées plutôt vers l'exploration des régions situées au nord du Canada qu'à la recherche du passage du nord-ouest.

Le premier Européen qui alla du Canada à la baie d'Hudson fut un Français nommé Grosselier. Homme aussi entreprenant qu'intelligent, il parvint à armer à Québec un navire, dont il prit le commandement. Fort des constatations qu'il avait pu faire au péril de sa vie, il envoya en France son beau-frère pour exposer au ministre de S. M. Louis XIV les avantages que l'on retirerait de la création d'un établissement dans ces régions éloignées.

Grosselier fut naturellement traité de visionnaire, et les propositions furent rejetées avec mépris par la cour ; mais l'ambassadeur d'Angleterre fut plus intelligent. Ayant appris ce qui s'était passé dans les bureaux de la marine, cet habile diplomate envoya chercher le représentant de Grosselier, et il lui donna une lettre d'introduction pour le prince Rupert à Londres. L'affaire fut immédiatement conclue, et, en 1668, Grosselier mettait à la voile pour le détroit de Davis avec un capitaine anglais. Dès 1665 la charte était signée par le roi Charles, et la Compagnie de la baie d'Hudson était fondée.

Cependant bien des années s'écoulèrent avant que l'on pût encore connaître tout le périmètre de cette Méditerranée, à laquelle il ne manque qu'un peu de soleil pour devenir le siége d'une admirable civilisation. Si le pôle se déplaçait du côté de notre Europe, et si nos régions étaient glacées, si le Nil charriait des banquises, l'humanité n'y perdrait peut-être rien.

Dans le fond de la baie d'Hudson coule le Mackensie, fleuve qui porte le nom d'un trappeur et dont les rives n'ont vu ni pyramides ni Pharaons, mais dont le développement et le volume sont à peine moins remarquables.

Comme le Nil, le Mackensie traverse de grands

lacs; mais, au lieu de fertiliser de grandes plaines par ses limons, il roule ses alluvions inutiles dans des vallées que le froid condamne à la stérilité.

Les forêts résineuses et rabougries qui ombragent une portion de ses eaux ne peuvent le suivre jusqu'à son embouchure. Dans la partie boréale de son cours, on ne voit plus que des roches pelées, stériles, à peine couvertes d'un humble et timide gazon.

D'autres fleuves, qui effaceraient notre Rhône s'ils coulaient dans des zones moins déshéritées, ont à peine un nom dans les géographies. Quant aux rives de cette grande mer presque toujours glacée, elles sont profondément découpées par des golfes où toutes les marines du monde pourraient s'abriter et où les Esquimaux ne peuvent conduire leurs frêles canots. Les dunes sont hautes, inhospitalières, inaccessibles, couvertes de rochers et de glaces qui s'éboulent avec fracas quand les rayons du soleil viennent, pendant un court été, en amollir le pied.

Davis avait ouvert une voie immense en pénétrant dans le détroit qui porte son nom. Hudson, prenant par la gauche, avait trouvé la gloire, puis la mort. Il restait à marcher droit vers le pôle. C'est le plan que Baffin eut le courage d'exécuter. Il trouva une baie beaucoup plus sauvage, beaucoup plus entourée de montagnes, beaucoup plus encombrée de glaces que la baie d'Hudson.

A force de mettre le cap vers le nord, il arriva en face d'un nouveau détroit, presque aussi large que celui de Davis. C'était la porte du pôle qui s'ouvrait toute grande devant lui.

Ce n'est pas le gouvernement qui fait les frais de cette nouvelle expédition. Mais, même au milieu des orages de la guerre civile, l'esprit d'initiative n'avait point abandonné les Anglais. Un certain nombre de riches marchands avaient fourni au grand pilote les moyens de faire flotter le pavillon britannique au milieu des banquises. Le plus généreux de ces Mécènes fut Thomas Smith. Baffin le récompensa magnifiquement en appelant détroit de Smith le bras de mer dans lequel il n'osait s'engager. Ce n'est, en effet, que par le détroit de Smith que les glaces éternelles qui couronnent la terre ont pu être enfin abordées. C'est la grande brèche pratiquée par la nature et par laquelle l'assaut du pôle peut être fructueusement donné.

On doit encore à Baffin la découverte du détroit de Lancastre. C'est un bras de mer qui court de l'est à l'ouest et partage en deux parties à peu près équivalentes le terrible archipel arctique où tant de marins anglais ont trouvé la mort, en cherchant le passage du nord-ouest. Il aboutit à un inextricable labyrinthe de roches, d'eau et de glaces, horrible pêle-mêle dont la nature en délire semble avoir surchargé l'Amérique dans un jour de folie.

Le commencement du dix-huitième siècle vit naître dans le nord de l'Europe un nouvel État tiré de la barbarie par la volonté toute-puissante d'un homme de génie. Le czar Pierre Ier, qui voulait donner à sa patrie tous les genres de gloire, ne pouvait délaisser la solution du grand problème géographique du temps.

Behring, capitaine de la naissante marine de Russie, fut chargé de gagner les ports de la Russie européenne en partant des rives glacées de l'océan Pacifique. Ce hardi navigateur visita l'étonnante guirlande d'îles qui réunit les deux mondes comme les grains d'un immense chapelet semé par la main des Titans dans les profondeurs des mers. Il imposa son nom au détroit qui sépare le vieux du nouveau continent, et la proue de ses navires fendit l'onde immaculée qui s'étend vers le nord jusqu'aux glaces impénétrables devant lesquelles il ne tarda point à reculer.

La renommée de Behring réveilla l'ardeur du gouvernement britannique. On comprit à Londres qu'il ne fallait pas laisser à un peuple à peine sorti des ténèbres de la barbarie l'honneur de verser des torrents de lumière sur la géographie des régions boréales.

En 1743, le parlement britannique adopta un bill instituant une récompense de 500,000 francs en faveur du marin qui trouverait le moyen de passer de l'océan Atlantique à l'océan Pacifique par la baie d'Hudson.

Ce bill produisit un effet analogue à celui de toutes les primes académiques, du prix Breant pour la guérison du choléra, ou de la prime pour la destruction du phylloxera.

Mais, de toutes ces expéditions manquées, la seule

qui mérite d'être consignée dans notre rapide revue est celle de lord Mulgrave, qui serait resté célèbre sous le nom de capitaine Phips, si la faveur de la cour ne lui avait donné un siége au cabinet.

En organisant cette entreprise mémorable, le gouvernement britannique déclara expressément qu'il n'attachait aucune importance à la découverte du fameux passage du nord-ouest. Le seul but que le capitaine Phips dût poursuivre était d'arborer le pavillon britannique sur le pôle nord, ou de l'y faire flotter, suivant que ce point était un roc, ou un océan navigable, ou une banquise éternelle. L'Angleterre ne recherchait que l'honneur et non un profit mercantile, espoir chimérique qui diminuait le mérite de ses efforts. Car, comme le dit quelque part l'incomparable Milton, « ces grandes entreprises seraient véritablement héroïques, si l'on n'allait pas affronter ces glaces uniquement pour trouver une route plus prompte afin de prendre part au pillage des richesses de l'Orient ».

L'Angleterre fut récompensée d'une façon que nous pourrions trouver providentielle si nous n'étions point Français.

Dans l'équipage du capitaine Phips se trouvait un jeune midshipman de onze ans, qui avait déjà navigué pendant longtemps, et qui devait plus faire pour la grandeur de l'Angleterre que les Pitt père et fils réunis. Ce marin, digne des temps héroïques, n'était autre que le futur lord Nelson.

Jeune, impétueux, brave au delà de la témérité, Nelson courut à plusieurs reprises des dangers inouïs. Un canot de son navire fut attaqué par une bande de morses qui semblaient commandés par un patriarche d'une taille et d'une vaillance inouïes. Ce fut le jeune Nelson qui eut le bonheur de dégager ses camarades. Déjà habitué à s'attaquer à l'adversaire le plus opiniâtre et à ne frapper que des coups décisifs, il se précipita sur cet animal redoutable, et parvint à lui percer le crâne. Aussitôt le chef mort, la bande se dispersa : les marins étaient sauvés.

Un peu plus tard, Nelson se laissa entraîner à la poursuite d'un ours blanc. Humidifiée par l'air et la neige, la poudre de son amorce fit long feu. Nelson est perdu. Mais, avec l'intrépidité d'un vrai brave, il attend son adversaire avec son poignard ; s'il doit être étouffé, ce ne sera qu'en se défendant.

Heureusement, un de ses compagnons a vu le danger que court le jeune homme. Une balle adroitement tirée frappe l'horrible bête au moment où elle va serrer Nelson contre sa poitrine.

A quoi tiennent les destinées humaines ! Le sort du monde n'eût-il point été changé si un obscur midshipman, victime de sa bouillante ardeur, avait péri sur un glaçon isolé ?

Cet ours, dont la peau n'a pas même figuré dans les galeries de nos musées, valait plus pour la France qu'une flotte de vingt vaisseaux.

Qui sait si dans les marins du capitaine Narès, cet

émule de lord Mulgrave, qui revient du pôle au milieu des intrigues de la Russie, il ne se trouve pas
quelque futur Nelson pour qui les glaces et les tor-
pilles de la Baltique ne seront qu'un jeu d'enfants?

Sakheuse, guide esquimau de Ross. (V. page 53)

3

III

LES PREMIERS ASSAUTS DU PÔLE NORD.

On peut considérer l'expédition de lord Mulgrave comme un grand événement au point de vue philosophique. Les Argonautes cherchaient à rapporter en Grèce la Toison d'or. Vasco de Gama, comme le Carthaginois Hannon, ne pensait qu'à ouvrir des voies nouvelles au commerce de sa patrie. Colomb lui-même ne poussait en avant les matelots de ses caravelles que pour conquérir les richesses de la mystérieuse Cathay. Il n'en était pas de même du capitaine Phips, qui n'avait qu'un but, étudier la déclinaison de l'aiguille aimantée, mesurer l'intensité du magnétisme et de la pesanteur, le degré de chaleur et d'humidité de l'air arctique, décrire les phénomènes que le ciel lui montrerait, les animaux qui habitaient les eaux du pôle, les lichens qui tapissaient ses glaces, peut-être les habitants qui erraient autour de ce point mystérieux. Tous les avantages scientifiques d'un voyage dans ces régions sont développés avec tant d'éloquence dans le livre du capitaine Phips, que la cause du pôle nord n'a pas besoin d'être défendue par un nouvel avocat.

Faut-il ajouter que cette expédition quitta l'Angleterre à une époque où les habitants de Genève n'avaient point encore compris la nécessité de conquérir le mont Blanc? La magnifique montagne au pied de laquelle s'épanouit leur lac était encore un mélange de rocs et de neiges inconnus au moment où de vaillants Anglais, mus par l'amour des grandes découvertes scientifiques, s'exposaient à d'incroyables dangers.

Même aujourd'hui, où nous possédons la vapeur et toutes les ressources qui ont été mises à la disposition de la dernière expédition polaire, les voyageurs du pôle nord sont les esclaves des circonstances dans lesquelles ils opèrent leurs explorations. Suivant que l'été est plus ou moins précoce, les glaces s'ouvrent plus ou moins vite. Suivant qu'il est plus ou moins torride, la mer se débarrasse à une latitude plus ou moins élevée.

Phips ne fut point favorisé par les éléments; il s'éleva moins haut que ses prédécesseurs, et son expédition, au point de vue de la latitude, n'eut pas le succès qu'elle méritait. Mais cet échec n'exerça aucune influence néfaste sur le résultat de ses propositions.

Quoique lord Mulgrave ne fût pas parvenu à s'approcher du pôle plus que Hudson ne l'avait fait soixante ans auparavant, le Parlement britannique

comprit que le bill de 1743 avait eu le tort de subor-
donner la solution d'une question purement scientifique à celle d'un problème commercial. On établit
un nouveau prix de 500,000 francs pour le marin qui
arriverait au pôle nord. En considération des difficultés inouïes que les navigateurs pouvaient rencontrer, on décida même qu'une somme de 50,000 francs
serait payée à celui qui s'en approcherait d'un degré.

Enfin, tout en maintenant le prix de 500,000 francs
à la découverte d'une nouvelle route des Indes, on
reconnut également qu'il n'y avait aucune raison pour
imposer le choix de la route par la baie d'Hudson. Le
Parlement décida que le prix serait gagné, quel que fût
l'itinéraire suivi, pourvu que le but essentiel fût rempli
et qu'un même navire trempât successivement sa ca-
rène dans les eaux de deux océans. Ce nouvel acte, si
libéral et si intelligent, fut rendu en 1776, alors que
le gouvernement britannique était condamné à lutter
contre la rébellion des colonies d'Amérique. La décla-
ration d'indépendance, dont on fête cette année le
centenaire, coïncide avec le centième anniversaire
de la création d'un prix pour lequel on a glorieusement lutté cette année. En effet, de braves marins
ont cherché à augmenter la gloire de leur patrie en
accomplissant le vœu émis par leurs pères à un
moment où l'on aurait pu croire que la guerre civile
absorbait toutes les forces de la nation.

Nous devons ajouter que Phips, devenu lord Mulgrave, avait gagné à la cause du pôle nord tout le

gouvernement réactionnaire de lord North. Les noms de lord Melville, de lord Sandwich et de plusieurs ministres qui précipitèrent leur pays dans une pareille aventure, sont indissolublement liés à la conquête du pôle nord. Le nom lui-même du chef de ce cabinet aveugle semble avoir été choisi par un étrange hasard. Qui sait si l'histoire ne sera pas moins sévère pour la politique de ces hommes, qui ont fait tant de mal à la nation britannique, en se rappelant qu'au milieu de leurs erreurs les plus graves, ils n'avaient point entièrement perdu de vue les intérêts de la science, c'est-à-dire de l'humanité?

La nation naissante des Américains avait donné, de son côté, des preuves d'un véritable esprit d'aventure. Avant que la rébellion eût troublé ses rapports avec la mère patrie, en 1764, le capitaine Charles Swayne, montant l'*Argo*, du port de Philadelphie, avait fait deux voyages le long de la côte du Labrador pour trouver le passage du nord-ouest. En 1772, alors que l'Amérique avait commencé à sentir de nouvelles ambitions grandir et se développer dans son sein, des cavaliers de Virginie se réunissaient pour diriger vers la baie d'Hudson le brick *Diligence*, qui, sous le commandement du capitaine Wilders, ne renonçait à sa tâche qu'après avoir franchi le 67e parallèle.

Ces tentatives, à la veille de tels événements, ne sont-elles pas le meilleur éloge que l'on puisse faire de ceux qui allaient devenir les fondateurs d'une grande nation?

Le capitaine Cook, alors dans tout l'éclat de sa gloire, revenait glorieux de sa seconde expédition. Il avait découvert la nouvelle Cythère, Tahiti, où le passage de Vénus avait été admirablement observé par lui. Ses navires étaient retournés à Londres chargés de curiosités naturelles qui avaient excité un sentiment de surprise dont nous pouvons difficilement nous rendre compte aujourd'hui.

Il se trouvait à la Société royale de Londres, lorsque Banks, prenant inopinément la parole, exposa avec beaucoup de feu l'avantage qu'il y aurait à tenter une expédition polaire en changeant la voie tant de fois déjà essayée. L'orateur énumère, avec une vivacité entraînante, tout ce que l'on peut espérer en suivant la route que Behring a ouverte cinquante ans auparavant. Le discours fait une profonde impression sur toute l'assemblée. Mais on se demande quel sera le marin capable de mener à bon terme une expédition si difficile. Car le voyage que conseille Banks est précédé par une navigation longue, pénible, que personne n'avait encore tentée. Tout le monde garde un silence glacial, et les regards se fixent involontairement sur le grand navigateur, qui, muet et sombre, ne paraît pas s'apercevoir de ce qui se passe autour de lui.

Mais après s'être recueilli quelques instants, il se lève, et, avec la simplicité qui lui est familière : « Je serai, dit-il, ce capitaine, si vous n'en trouvez pas de plus digne et si vous voulez accepter mes services. »

C'est ainsi que Cook prit le commandement de la

grande expédition dans laquelle la flèche d'un indigène des îles Hawaii le perça traîtreusement par derrière. Indirectement, au moins, Cook doit compter parmi les martyrs du pôle nord.

Si la banquise n'était descendue à des latitudes où elle ne se montre pas ordinairement, ce grand homme aurait trouvé, sinon ce qu'il cherchait, au moins une mort plus digne de lui; il ne fût pas tombé frappé lâchement par derrière par une poignée de sauvages misérablement ameutés.

Car, s'il était retourné aux Sandwich après avoir inutilement cherché le long de la côte américaine le passage que la côte asiatique lui avait refusé, c'était afin d'utiliser les loisirs de l'hivernage en augmentant ses titres à l'admiration de la postérité.

Mais la Providence avait décidé que Cook n'exécuterait pas un plan de campagne si admirablement médité et si digne de son génie.

L'amirauté, prévoyant que cet intrépide navigateur et son équipage ne pourraient arriver dans la baie de Baffin qu'épuisés par une longue campagne, avait envoyé à leur rencontre un navire chargé de provisions, qui devait les attendre dans un port convenu de l'Atlantique, jusqu'à la fermeture des glaces.

C'est un plan qui a été bien des fois pratiqué, presque toujours inutilement, tant sont prodigieux les hasards de mer dans ces hautes latitudes; mais il n'en est pas moins très-sage et ne saurait être trop vivement recommandé.

Ce que nous venons de raconter nous dispense, malheureusement, d'expliquer comment il se fait que Cook n'arriva pas au rendez-vous. La nouvelle de la catastrophe des îles Sandwich arriva en Angleterre assez à temps pour que l'année suivante le navire ne fût point expédié de nouveau pour attendre le héros maritime que la main d'un sauvage avait frappé.

IV

LE CAPITAINE SCORESBY.

A la fin du siècle dernier, le baleinier le plus actif, le plus habile, le plus entreprenant était le capitaine Scoresby. Rangé et méthodique comme un Écossais, Scoresby a laissé ses comptes de pêche. On sait qu'il a tué, dans ses campagnes, plusieurs centaines de baleines, plusieurs milliers de phoques et plus de quatre-vingts ours blancs. En additionnant la valeur des cargaisons qu'il amena en Angleterre, on arrive au chiffre énorme de cinq millions de francs, représentant environ dix millions de notre monnaie.

Scoresby avait un fils aussi brave, aussi rigide, aussi intrépide que lui; après lui avoir fait faire plusieurs campagnes, il l'avait envoyé à Édimbourg, où il lui avait fait donner une excellente éducation.

Mieux instruit que ne le sont encore aujourd'hui les officiers de Sa Majesté, Scoresby était familiarisé avec toutes les grandes conquêtes récentes de la physique. Aussi la haute optique n'avait aucun secret pour lui. Il maniait le microscope comme un anatomiste, le scalpel comme un chirurgien, et le télescope comme un astronome de profession. En tout, Scoresby était extraordinaire; ses navires ressemblaient à une église flottante. On y faisait aussi régulièrement la prière que dans une arche de Noé. Lorsqu'on avait lu avec pompe l'office divin, il ne manquait jamais de prononcer des homélies éloquentes et touchantes qui n'eussent point été déplacées dans la bouche d'un Massillon ou d'un Bossuet. En présence d'une nature terrible, impénétrable, sa voix semblait prendre des accents surnaturels, comme s'il eût été l'organe inspiré de l'Être éternel, tout-puissant et infini.

Aussi jamais à bord de ses navires on n'entendait un juron. Le dimanche était consacré à Dieu. Les baleines, comme celles de Frobisher, fussent venues se heurter contre son navire, qu'aucune main n'aurait lancé le harpon. Un tel homme était d'autant plus précieux pour la science, qu'il n'avait pas besoin que le gouvernement lui donnât des moyens d'agir, car il faisait servir au profit de ses grands projets tous les épisodes de sa carrière maritime. L'immense expérience que lui donnait l'habitude des recherches scientifiques venait du reste à son service; et les campagnes à la poursuite des baleines étaient d'autant plus fructueuses que l'esprit du vaillant capitaine s'était éclairé à la poursuite de la vérité.

C'est dans le courant de l'année 1806 qu'il conçut le projet de pousser ses voyages vers le pôle. Il était parvenu au delà du 78° parallèle, sur la côte est du Groënland, lorsqu'il vit que la banquise paraissait moins épaisse que d'ordinaire; les ardeurs de l'été de 1806 semblaient l'avoir ébranlée. Une occasion inattendue s'offrait soudainement pour franchir cette terrible barrière, de braves marins britanniques ne doivent pas la laisser échapper. Ayant enflammé le zèle de son équipage, il met hardiment le cap vers des régions inconnues où jamais la flotte des baleiniers n'avait encore pénétré. Il ne tarde pas à rencontrer la banquise, qu'il côtoie au milieu de mille dangers. A chaque instant son navire va être saisi par les glaces. Une manœuvre hardie le dégage; enfin il rencontre un bras de mer libre dans lequel il se précipite. Il parvient ainsi au-delà du 81e parallèle, à trente minutes seulement au-dessous du 82e. C'est la latitude, peut-être fabuleuse, que Hudson a, dit-on, atteinte. Cette fois, des observations irrécusables ne permettent pas au moindre doute d'être exprimé.

La conquête du pôle nord doit à Scoresby des exemples, des préceptes et des faits qui rendront son nom immortel. C'est Scoresby qui conçut l'idée, développée avec talent par le capitaine Lambert, d'associer à la découverte des régions polaires les entreprises de la pêche à la baleine. Jusqu'en 1814, époque où il publia son livre sur les régions arctiques, ce grand navigateur n'avait pas pénétré moins de quinze fois jusqu'au 80e parallèle, à quinze différentes reprises il s'était approché à moins de deux cent cinquante lieues du pôle! (V. page 25.)

Il en est du navigateur du pôle nord comme de

l'aréonaute, qui ne peut avoir de plan arrêté d'une façon définitive. Il est obligé d'être l'esclave des événements, car les circonstances atmosphériques, sur lesquelles l'homme n'a point de prise, et dont on ne peut encore deviner les caprices, exercent la plus prodigieuse influence sur les événements. Il peut se faire que la banquise, au lieu de rester, comme en 1806, par le 80e parallèle, descende vers l'île Jean-de-Mayen, et que la côte est du Groënland soit enveloppée, comme en 1816 et 1817, par des champs de glace assez abondants peut-être pour troubler l'été de nos régions tempérées.

C'est Scoresby qui donna l'excellent conseil, trop peu suivi, de ne jamais se rebuter, mais de renouveler les tentatives tous les ans. En effet, en opérant de la sorte, on est sûr de pouvoir profiter des occasions extraordinaires que la nature donne forcément dans une assez longue période de temps.

Sir Joseph Banks, l'ami, le compagnon du capitaine Cook, était encore le président de la Société royale de Londres. C'est à lui que s'adresse Scoresby dès le rétablissement de la paix, pour obtenir que le gouvernement étudie les questions polaires et envoie dans les régions boréales une nouvelle expédition.

Dans sa lutte avec la France, lutte également glorieuse pour les deux nations, l'Angleterre avait pris l'habitude des entreprises héroïques. Aussi Barrow, l'éminent secrétaire de l'amirauté, put-il résister à l'esprit mercantile et utilitaire, et faire voter des

Village esquimau découvert par Ross. (V. page 64.)

sommes considérables pour encourager les tentatives des Ross et des Parry, des Richardson et des Franklin de cette pléiade d'illustres voyageurs dont nous avons maintenant à résumer les exploits. Mais avant de les montrer luttant contre les glaces polaires, nous devons signaler également à la reconnaissance publique l'homme illustre qui les a encouragés, soutenus, et qui a mis le comble à ses bienfaits en publiant un admirable résumé des travaux par lesquels ils se sont immortalisés.

De grandes découvertes physiques venant couronner inopinément l'édifice de théories créées par le génie d'un des plus illustres astronomes anglais avaient donné aux explorations polaires un intérêt dont elles ne sont point encore dépouillées.

V

ROSS ET PARRY.

Poussée par l'opinion publique et par l'intelligente initiative de Barrow, l'amirauté anglaise se crut obligée d'offrir un commandement à Scoresby, le grand propagandiste des questions polaires. Mais les lords hauts-commissaires ne pouvaient oublier que cet intrépide marin n'avait jamais eu l'honneur de faire campagne à bord des navires de Sa Majesté, que c'était un *officier bleu*. Aussi crut-on lui faire trop d'honneur en lui offrant un commandement en second, qu'il s'empressa de refuser.

En se privant des services d'un tel homme, l'amirauté s'exposait à échouer. Elle eut plus de bonheur qu'elle n'en méritait, car ses navires tombèrent entre les mains de marins admirables, dont l'un se nommait Ross, et dont l'autre s'appelait Parry.

Ross, qui eut le commandement en premier, était un marin intrépide, qui s'était distingué, pendant les dernières guerres, sur les côtes d'Espagne. Il était doué d'une telle intrépidité, que dans trois actions auxquelles il assista il ne reçut pas moins de treize blessures. Quoique entré à l'âge de neuf ans au service, en qualité de midshipman, il n'était pas sans lettres. On lui doit des *Conseils à un jeune officier,* un *Traité de navigation,* et une *Vie de l'amiral Krusenstern,* son modèle.

Parry, qui l'accompagnait en qualité de lieutenant, a écrit lui-même le récit de ses admirables campagnes. Jeune encore (car il était entré à onze ans au service), il était déjà un vétéran des mers polaires. Il avait exploré le Spitzberg, et poursuivi, au milieu des glaces, les canonnières danoises et les corsaires français.

La première expédition du capitaine Ross quitta Deptford au printemps de 1818. Elle était composée de deux navires devenus célèbres, l'*Isabella* et l'*Alexander.* Parmi les innovations adoptées par l'habile et intrépide capitaine, nous devons citer en première ligne l'usage d'un observatoire placé au sommet du grand mât, et que, dans le langage des baleiniers, on nomme le *nid de corbeau.*

Une formule des plus simples permet de mesurer avec une très-grande approximation la surface que l'œil de la vigie embrasse lorsqu'elle est parvenue à ce poste élevé. La racine carrée du nombre de pieds dont le nid de corbeau est élevé au-dessus du niveau des vagues égale le nombre de milles marins qui composent le rayon de l'horizon visible. Ainsi, en se plaçant au sommet d'un mât de cent pieds, on inspecte, avec des lunettes, un cercle de vingt milles marins ou de trente-deux kilomètres de diamètre, si l'air est suffisamment transparent.

Ce procédé a été employé, dans la guerre de sécession, par les ingénieurs américains. On a construit un chariot sur lequel on transporte un mât de cent pieds, partagé en bouts qui se vissent les uns à la suite des autres. Un de ces appareils a figuré avec éclat à l'Exposition centenaire de Philadelphie.

L'observateur se place dans un tonneau que l'on remorque, à l'aide d'une poulie, jusqu'au niveau du trou de la plate-forme. Arrivé à ce point, il a, pour s'accouder et pour écrire, une planche admirablement disposée. Il se trouve dans une position infiniment plus commode que celle des anciens aéronautes militaires dans le ballon captif de la République. L'appareil, y compris la voiture qui sert à le remorquer, ne pèse que quinze cents kilos. Ce nid de corbeau mobile, imité de celui des marins des régions arctiques, peut se traîner à la suite des armées belligérantes sans entraîner plus d'encombrement qu'une prolonge ordinaire.

Ross eut l'heureuse chance de pouvoir engager dans son équipage un indigène nommé Sakheuse, qui, ayant fait plusieurs voyages en Angleterre, et s'étant converti au christianisme, parlait et écrivait l'anglais avec la plus extrême facilité. (V. page 37.)

L'habile capitaine ne tarda point à reconnaître combien les habitants de ces mers terribles sont confiants et faciles à enthousiasmer.

Il rencontra des canots indigènes dès les *Seven Points,* et il ordonna à Sakheuse d'aller à terre pour se mettre en rapport avec eux. Sakheuse, natif du Groenland du sud, était presque un compatriote pour ces inconnus. Il leur parla avec tant d'éloquence, qu'il les détermina à le suivre. Il revint à bord avec sept sauvages, que l'on combla de cadeaux. Le lendemain, les Anglais allèrent à terre visiter le village de leurs nouveaux amis. Il se composait de quelques tentes faites en peaux de renne, sous lesquelles une cinquantaine d'êtres humains trouvaient moyen de dormir.

Les Anglais et les Esquimaux furent si enchantés les uns des autres, qu'il fut décidé qu'on donnerait un grand bal à bord de l'*Isabella.* Cinq demoiselles, toutes les filles à marier du village, arrivèrent dans un canot qu'elles montaient elles seules. Deux d'entre elles, d'une taille supérieure à celles de leurs compagnes, étaient filles d'une mère esquimau et d'un père danois. Elles étaient particulièrement séduisantes, à tel point que Sakheuse faillit oublier ses devoirs, et abandonner le capitaine Ross, pour imiter Hercule filant aux pieds d'Omphale.

Ross se dirigea vers la baie de Melville, où les pêcheurs de baleines n'osaient pas encore pénétrer, et qu'il explora minutieusement.

Il trouva, dans une baie séparée du reste du Groënland par d'épouvantables glaciers, une petite tribu qui ne connaissait point d'étrangers. Ces malheureux, isolés, séquestrés du genre humain, ne savaient pas qu'il existât d'autres hommes qu'eux. Ils étaient d'une timidité si incroyable, que Sakheuse lui-même, quoique vêtu comme eux, ne pouvait les approcher à la portée de la voix. Pour les décider à attendre son envoyé, Ross eut l'idée originale de peindre sur un pavillon deux mains qui se donnaient une étreinte fraternelle. Ce symbole fut compris !

Mais, quand il les eut enfin approchés, Sakheuse put s'entretenir facilement avec eux ; dans leur isolement, ils avaient conservé intacte leur langue. Ils n'avaient pas même formé un patois particulier. Ils croyaient que les vaisseaux étaient des oiseaux de mer déployant leurs ailes chaque fois que les voiles étaient larguées. Dans leur simplicité, ils ne pouvaient croire que les Anglais fussent des habitants de la terre. Ils ne demandaient pas s'ils venaient du nord ou du sud, mais s'ils descendaient de la lune ou du soleil, seules patries qui convinssent à des êtres si puissants.

Ross eut le bonheur de parvenir aux portes de la route du pôle. Il donna le nom de ses navires, l'*Alexander* et l'*Isabella,* aux deux caps qui bordent le détroit de Smith à l'orient et à l'occident, mais il ne comprit pas la nécessité de sonder les profondeurs de cet estuaire, et il n'eut pas la perspicacité nécessaire pour comprendre que la ligne droite est le plus court chemin du pôle. Il vérifia également l'exactitude de la description que Baffin avait donnée du détroit de Lancastre, mais il commit la même faute que son illustre prédécesseur. Il s'imagina qu'il n'avait devant lui qu'un vaste golfe menant aux pieds de quelque prodigieux glacier.

Le lieutenant Parry fut loin de partager l'avis de son capitaine; il tint tête et protesta. Parry était doué d'un génie impétueux, d'une grande vivacité de parole. De retour en Angleterre, il réclama avec énergie. Il déclara à l'amirauté que l'on tenait le passage du nord-ouest, que c'était par le détroit de Lancastre qu'on était sûr de passer dans l'océan Pacifique.

Dès 1819, il retournait dans les mers polaires avec l'*Hecla*. Il était accompagné du *Gripper*, que commandait le lieutenant Lyon.

C'est à cette époque mémorable que Bernadotte, roi de Suède, envoyait en Sibérie le jeune et bouillant Hansteen, pour chercher le second pôle magnétique dans les solitudes sibériennes. Parry était chargé de faire le siège du premier au milieu des solitudes insondées du Groënland. Jamais expéditions ne furent plus glorieuses, plus fécondes, car, grâce à l'intrépidité du savant scandinave et du marin anglais, le magnétisme moderne était fondé.

La fortune semble être contraire aux hardis navigateurs. On dirait que les glaces vont se coaliser avec leurs ennemis. Le 18 juin, l'*Hecla* et le *Gripper* sont cernés par les glaces de Baffin. Ils restent captifs pendant huit mortelles journées. Mais, le 25, un mouvement se produit dans la banquise, les deux navires sont tous deux dégagés. Parry continue intrépidement sa route. Bientôt il arrive à l'embouchure du détroit de Lancastre, dans lequel il s'engage. Après plusieurs jours de navigation pénible, il parvient à l'embouchure d'un autre détroit qui est également libre, et qu'il nomme le détroit de Barrow, ce grand et intelligent secrétaire de l'amirauté dont la bienfaisante intelligence avait compris qu'un capitaine peut avoir tort, même contre son lieutenant, et qu'il n'y a ni épaulette ni chevron dans la grande armée de la vérité.

Sûr désormais de la victoire, Parry se lance en avant. Il s'aperçoit bientôt qu'un bras de mer jette ses eaux dans le détroit de Barrow; il lui donne le nom de canal du Prince Régent, alors l'idole du peuple anglais.

Quelques semaines après, Parry était de nouveau entouré par les glaces, et obligé d'hiverner dans des régions où le froid atteint des proportions inouïes.

C'est sans doute au nombre des banquises qui s'accumulent dans ces détroits tortueux, au lieu d'aller fondre au soleil plus robuste du midi, qu'il faut attribuer le remarquable abaissement de température que l'on a constaté dans ces régions difficiles.

Les savants d'Allemagne, qui ont horreur de toutes les idées simples et vraies, avaient démontré, par des équations différentielles non résolubles, qu'il devait en être ainsi, parce que la température moyenne augmente à mesure que l'on marche vers le nord. Il fallut l'expédition de 1875-1876 pour les convaincre à la fois d'ignorance et de présomption.

Sous la direction de son illustre secrétaire, l'amirauté britannique apportait à la solution des problèmes arctiques une intelligence et un zèle que jamais administration publique n'a dépassés.

On résolut d'appuyer les explorations maritimes par des expéditions terrestres qui prendraient pour point de départ la Factorerie d'York, appartenant alors à la Compagnie de la baie d'Hudson.

Malgré les aventures si dramatiques de Grosselier et de Mackensie, qui ont laissé des traces dans la géographie de ces régions, on pouvait considérer ce vaste pays comme étant complétement inconnu.

Il n'y avait guère que des marchands de fourrures qui, tentés par l'appât d'un gain considérable, osassent se risquer dans des contrées peuplées par des tribus indiennes réputées par leur férocité. Habitués aux mauvais traitements des trappeurs, ces Indiens indomptables voient des ennemis dans tous les visages pâles, et ne font aucune différence entre le savant et l'avide trafiquant.

Barrow conseilla de mettre à la tête de l'expédition le docteur Richardson et le lieutenant Franklin, un des héros des guerres de l'Empire et de la Révolution.

Blessé au bombardement de Copenhague, et vétéran de Trafalgar, où il commandait la manœuvre d'un des bâtiments les plus terriblement engagés,

Franklin revenait alors d'une expédition au Spitz-berg, où il avait obtenu des succès hors ligne.

Loin d'être ébloui par le bonheur avec lequel il avait exploré des parages ordinairement inaccessibles, Franklin s'était décidé à renoncer temporairement à l'Océan. Il voulait voir ce que la terre pourrait donner. N'était-ce pas, du reste, un devoir patriotique, que d'explorer, après cinquante-cinq ans d'ignorance et d'oubli, les vastes régions dont la fortune avait, en 1770, donné la souveraineté à la fière Albion?

En même temps que Parry s'engageait dans les détroits de l'archipel arctique, Richardson et Franklin étaient chargés de suivre le littoral de la baie d'Hudson, et de décrire enfin, d'une façon scientifique, ces rivages si longtemps ignorés. C'est le travail que le grand Nordenskioldt est en train de faire pour la Russie boréale, le long de la mer de Kara.

Mais, pour arriver à déterminer avec précision la position du pôle magnétique, on ne pouvait se fier à ces deux explorateurs, de quelque habileté et de quelque intrépidité qu'on les sût doués.

On avait chargé le capitaine Lyons de rejoindre le capitaine Parry, en prenant par le canal de Fox et en traversant l'isthme de Melville si les détroits de l'Hecla et de la Furie n'étaient pas trouvés suffisamment praticables.

En même temps, on avait donné ordre au capitaine Beechey de traverser le détroit de Behring, de s'engager dans cette mer inconnue, et d'attendre le capitaine Parry en un point qu'on lui avait désigné. C'est ainsi que l'on avait, l'on doit se le rappeler, chargé un navire d'attendre le capitaine Cook dans la baie d'Hudson, lorsque cet illustre navigateur devait passer du Pacifique dans l'Atlantique, c'est-à-dire forcer le passage du nord-ouest en sens inverse du capitaine Parry.

Cette précaution avait permis de compléter le plan des explorations terrestres. Arrivée aux bouches du Mackensie, l'expédition devait se partager en deux bandes : la première, dirigée par Franklin, devait aller joindre l'expédition du détroit de Behring; la seconde, sous les ordres de Richardson, devait se diriger vers le Labrador et les parties civilisées du Canada.

Le voyage du lieutenant Franklin et du docteur Richardson ne dura pas moins de trois années, pendant lesquelles sept mille kilomètres furent parcourus, presque toujours à pied et dans des régions presque constamment glacées. Les voyageurs avaient vu le mercure de leur thermomètre se congeler. Ils avaient, sans quitter la terre d'Amérique, éprouvé des températures aussi basses que celles dont les équipages de l'*Hecla* et de la *Fury* avaient eu tant de mal à triompher. Leurs fatigues avaient été bien plus grandes, car le voisinage d'un navire, même échoué, procure un bien-être et un refuge que ni Franklin ni Richardson n'avaient connus un seul instant pendant toute la durée de leur admirable excursion.

Le capitaine Parry dans les glaces. (V. page 62.)

Parry, qui s'était bravement engagé dans le détroit d'Hudson, ne fut pas longtemps à trouver un canal qui menait vers le nord, et qu'il nomma détroit de Fox ; mais les glaces ne tardèrent point à se souder et à retenir ses navires captifs. La perspective d'un hivernage ne fit jamais reculer Parry, qui savait admirablement manier les traîneaux. On doit le considérer comme le créateur de ces explorations terrestres, qui complètent si merveilleusement les voyages maritimes. Il était excessivement attaché à ses devoirs scientifiques, et, même au milieu des plus grands périls, jamais on ne manquait de faire les observations avec une irréprochable précision.

Le 1er août 1825, l'*Hecla* et la *Fury* entraient de conserve dans la baie pittoresque que la destruction de la *Fury* devait immortaliser.

Il se forme dans les mers polaires une sorte de franc-maçonnerie arctique. Il est bien rare qu'un officier qui a goûté à ces émotions y renonce volontairement. Ainsi, dans l'état-major qui allait assister à une des catastrophes les plus dramatiques de la conquête du pôle, on ne comptait pas moins de quatre hommes dont les noms sont devenus immortels dans ces régions désolées : James Ross, neveu de l'ancien commandant de Parry ; Horatio Austin, Édouard Bird, et Crozier, le lieutenant de Franklin, celui qui le remplaça dans le commandement de cette troupe infortunée. Un coup de vent, dans les mers ordinaires du nord, peut lancer un navire contre des écueils ; mais au moins la vague reste toujours liquide; dans les mers polaires, il suffit d'un peu de bise pour que l'eau se change en rochers avec une rapidité qu'Ovide n'aurait point devinée.

L'*Hecla* échappe à cette épouvantable étreinte, mais, plus rapprochée d'une énorme banquise, la *Fury* est séquestrée. Le navire, étouffé, craque; l'eau entre de toutes parts; les marins n'ont que le temps de se jeter aux pompes pour l'empêcher de couler bas.

Parry conçut l'idée, qui devait paraître paradoxale, d'employer la rigidité de la glace pour lutter contre la terrible étreinte. Il attache aux câbles de bossoir des barriques destinées à les faire flotter à la surface. Les glaçons, en s'appuyant sur cet obstacle, se soudent; elles forment, à droite et à gauche, une digue. Le navire en réparation se trouve isolé comme si l'on avait creusé un dock autour de lui. Quelques heures suffisent pour un travail de géants.

Jamais port de l'océan Glacial n'offrit le spectacle d'une activité aussi fébrile, car les deux équipages travaillaient avec un acharnement égal. Rivaux, émules dans cette occasion solennelle, ils luttaient contre une nature écrasante.

Parry conçoit une inspiration lumineuse. Pour transporter plus commodément à terre le charbon, les provisions, il établit un va-et-vient analogue à ceux dont on se sert de nos jours dans nos ports, quand le canon Tremblay a fiché une amarre dans les agrès d'un navire en détresse.

La fortune sembla d'abord favoriser de si nobles efforts. La *Fury*, allégée de tous les poids inutiles, laisse voir, au-dessus de sa ligne de flottaison, les cicatrices de la glace. Les voies d'eau ne tardent pas à être aveuglées, et le navire est aussi parfaitement étanche que s'il sortait du dock-yard.

Tout à coup éclate une épouvantable tempête comme les mers polaires en voient rarement. Les câbles sont arrachés, la barrière de glace qui s'était accumulée est mise en morceaux, l'énorme banquise entraîne la *Fury* à trois ou quatre milles.

Quand la tempête s'arrête, trois ou quatre milles de glaces impénétrables séparent la *Fury* de l'*Hecla*. Parry, ne voulant pas recommencer un travail encore plus terrible, prend le parti de délaisser le malheureux bâtiment. Il entasse à bord de l'*Hecla* toutes les provisions qui y peuvent tenir, et il abandonne le reste à la foi publique. Après avoir pris toutes les précautions nécessaires pour diminuer l'action des fauves et des intempéries de l'air, il laisse sur cette rive, jusqu'à ce jour inhospitalière, un dépôt où pourront librement puiser les voyageurs de toutes les nations. (V. page 65.)

Le capitaine Lyons ne fut pas heureux et dut revenir en Angleterre après avoir eu beaucoup de mal à sauver son navire, et sans avoir pu parvenir au rendez-vous où il devait rencontrer Parry.

Le capitaine Beechey, fatigué d'attendre inutilement dans la mer de Behring un navire qui n'arrivait pas, revint en Angleterre, après avoir inutilement cherché à pénétrer dans les hautes régions boréales par la route que, cinquante ans plus tard, notre Gustave Lambert voulait tenter.

Parry frayant une route à son navire. (V. page 63.)

Malgré les admirables observations de Franklin et de Richardson, et les inestimables déterminations de Parry, non-seulement le passage du nord-ouest n'était pas découvert, mais la position du pôle magnétique n'était même pas déterminée. Ce point, aussi important que le pôle de rotation de la terre, n'avait pu être encore atteint.

Aussi, le duc de Wellington, qui était alors aux affaires, profita de l'injuste désappointement du public pour rappeler l'acte de 1776. Le vainqueur de Waterloo pensa faire preuve d'habileté en décrochant la timbale d'argent qu'on avait attachée à un mât de cocagne suivant lui trop glissant.

Le moment où le gouvernement britannique se retirait du jeu polaire fut précisément celui où l'initiative privée des citoyens allait entrer victorieusement en lice. La plus belle protestation contre l'acte burbare du duc de Wellington fut la seconde expédition du capitaine Ross.

Les fonds en furent faits par M. Félix Booth, simple négociant de la Cité. Cet homme généreux mit dix-huit mille livres sterling à la disposition de l'illustre capitaine, sous la seule condition de ne pas révéler son nom.

Ross ne tint parole qu'à moitié, car il appela Boothia la région que les dix-huit mille livres sterling de son Mécène lui permirent d'explorer. Habile indiscrétion dont la postérité saura toujours gré au grand capitaine ; car elle excita une émulation telle que, grâce à des bienfaiteurs opportuns, jamais l'œuvre de la conquête du pôle nord n'a chômé, quelles que fussent les défaillances du gouvernement.

Le désintéressement de Booth fut si grand que, malgré son amitié pour le capitaine Ross, il n'aurait pas consenti à avancer les fonds, si le duc de Wellington n'avait supprimé la prime de 500,000 francs. Il n'aurait pas voulu encourager cette entreprise dangereuse si l'amour de la science et de la vérité n'eût été le seul mobile auquel obéissaient ceux qui avaient le courage de la tenter. Il comprenait que l'on s'exposât à une mort presque certaine, et il fournissait les moyens nécessaires, pourvu que ce fût uniquement dans le but d'être utile à l'humanité.

Le steamer *le Victory,* frété par ce patron intelligent des sciences géographiques, partit pour chercher des mers ténébreuses, inconnues, à une époque où la traversée de l'Atlantique et du Pas-de-Calais se faisait encore par des voiliers. C'était le détroit de Lancastre qui était considéré comme la première étape de la route du nord-ouest; aussi est-ce de ce côté que le capitaine Ross dirige son bâtiment. Dès le 15 août il était parvenu au port que Parry avait atteint au prix de souffrances inouïes. Mais arrivés à ce point, les explorateurs se trouvèrent en face d'une glace solide qui semblait dire : *Tu n'iras pas plus loin.* Il fallut trois semaines de travail constant pour avancer de trois cents milles, dans une région où le secours de la vapeur ne pouvait plus donner aucun avantage; mais Ross est inébranlable; car, voyant le rivage incliner à l'ouest, il se croit dans la direction du passage si longtemps cherché.

Il se décida donc à hiverner dans ces régions terribles, espérant que l'été prochain, si le soleil était suffisamment chaud, les glaces s'ouvriraient.

C'est pour attendre cette chance unique, admirons la résolution de ce brave marin, que Ross prolonge son séjour pendant toute une année dans une épouvantable contrée. Mais, comme nous avons plusieurs fois déjà eu occasion de le rappeler, la nature ne semble point favorable à ceux qui cherchent à la forcer.

Au lieu de se fondre prématurément, en 1830, les glaces furent d'une ténacité extraordinaire. Ce n'est qu'au mois de septembre 1830 que le *Victory* est dégagé. Un marin moins intrépide eût profité de toute la vitesse de la vapeur pour fuir des régions si terribles : Ross persiste à mettre le cap vers l'ouest, du côté de l'Océan où il veut pénétrer; malheureusement, à peine le *Victory* a-t-il fait trois milles, que les glaces se resserrent et que le navire est de nouveau emprisonné jusqu'à l'année 1831. (V. page 73.)

L'hivernage fut long, pénible, désespérant; enfin le soleil revient de nouveau. Dès le mois d'août les glaces s'ébranlent : c'est d'un bon augure ; cette fois les marins du *Victory* vont recueillir le fruit de leur longue patience. Hélas! vain espoir! A peine le *Victory* a-t-il gagné quatre nouveaux milles, que la banquise se soude de nouveau ; mais ce nouvel effort avait épuisé les forces des marins anglais. Il n'y avait plus moyen de renouveler la tentative. L'héroïsme humain a des bornes que Ross était parvenu à dépasser.

L'intrépide marin se décide à revenir en Angleterre. Si la vapeur n'avait pu conquérir du premier coup le passage du nord-ouest, elle avait glorieusement débuté à la conquête du pôle nord.

Désormais il était certain qu'il n'y a que par un steamer qu'elle peut être raisonnablement tentée.

Mais il était écrit que cette merveilleuse campagne ne se terminerait pas ainsi. D'autres fatigues attendaient l'intrépide explorateur dans cette incroyable expédition.

Jusqu'à ce jour deux marins s'étaient approchés du pôle magnétique qui se trouve en Amérique. Parry, restant à l'orient de ce centre, avait vu son aiguille dévier vers l'ouest. Au contraire, confiné constamment à l'ouest, le capitaine Beechey avait vu sa boussole incliner vers l'orient. Mais ni l'un ni l'autre de ces illustres explorateurs n'avait fait osciller l'aimant au-dessus du point où sa direction coïncide avec celle de la pesanteur.

Le pôle se trouve dans la partie méridionale de la péninsule de Booth, par 76° 5 de latitude boréale et 96° 46 de longitude occidentale.

Il est séparé de l'Amérique orientale par un détroit encore inconnu à l'époque où les Anglais devaient l'atteindre. C'est dans ses plaines funestes que devait périr Franklin.

La route était déjà sillonnée de débris de navires qui semblaient jalonner la marche des intrépides explorateurs de ces splendides mais lugubres régions.

A peu de distance se trouvaient les débris de la *Fury* que Parry avait été obligé d'abandonner. Scellé à jamais dans les glaces, le *Victory* allait éprouver le même sort!

Ross l'ancien avait obtenu un succès d'autant plus complet que la situation ainsi déterminée commandait avec celle que les travaux du grand Hansteen avaient assignée. On pouvait désormais considérer la position des deux centres d'action magnétique du globe comme expérimentalement déterminée.

Peut-on enregistrer ce triomphe du grand Norwégien sans rappeler qu'un des plus célèbres savants de l'Allemagne, Gauss, avait publié des volumes afin de démontrer que l'on peut rendre compte des phénomènes magnétiques sans tenir compte du nombre des pôles de la terre, ou des aimants qu'elle renferme dans son sein? L'aveuglement de prétendus physiciens, entêtés de formules absurdes, est si tenace, que la théorie de Gauss est la seule qui s'enseigne encore dans les écoles françaises, même après la guerre franco-allemande et le siége de Paris!

Épuisé par la fatigue, l'équipage du *Victory* était perdu s'il n'avait trouvé un refuge dans les restes du naufrage de la *Fury*.

Au printemps, les compagnons de Ross quittaient avec bonheur le théâtre de leurs souffrances. Ils se lançaient pleins d'espoir vers le sud, quoique leurs seules ressources fussent les canots qu'ils avaient trouvés sur la glace. Ils furent récompensés par un salut inespéré de l'inébranlable constance avec laquelle ils avaient refusé de s'en séparer un seul instant.

Le neveu du capitaine Ross, qui devait acquérir une si grande célébrité dans les campagnes arctiques plus récentes, faisait partie de cette expédition. Ce fut lui qui dirigea les voyages en canot. Il donna le nom de cap *Victory* à un promontoire de la terre du Roi Guillaume, où il érigea un cairn qui devait jouer un rôle immense dans l'histoire de ces régions.

C'est là que le lieutenant d'un grand navigateur devait découvrir, vingt-six ans plus tard, une portion de l'itinéraire du malheureux Franklin. Comme s'il eût été saisi par un vague pressentiment de l'avenir, le jeune Ross s'attendrit en quittant le monument de pierre qu'il vient d'ériger en ce lieu désolé.

« J'élevai, dit-il, sur ce promontoire un amas de pierres de six pieds de hauteur, et dans l'intérieur je déposai une courte relation de ce que nous avions fait depuis notre départ d'Angleterre. Telle est la coutume de ces régions, et je m'y conformai, bien qu'il n'y eût point la moindre apparence que notre petite histoire tombât jamais sous les yeux d'un voyageur européen. Si cependant quelque mission de découvertes conduit jamais un navigateur en cet endroit, et qu'il y trouve la preuve de la visite que nous y avons faite, je pourrais presque lui envier le bonheur que je lui procurerai ; car je sais quel prix le voyageur errant dans ces solitudes attache au moindre

vestige qui lui rappelle sa patrie et ses amis absents. »
Combien ce prix n'est-il pas plus précieux quand la
main d'un martyr de la conquête du pôle nord a
confié au muet monument de pierre le récit d'une
expédition encore enveloppée de mystères et dont des
milliers de matelots et d'officiers ont inutilement
cherché jusqu'alors à pénétrer les émouvantes péripéties !

Un baleinier, cette providence des naufragés du
pôle nord, recueillit les marins du *Victory* au mois
d'août ; mais, tout en leur donnant une généreuse
hospitalité à son bord, le capitaine de l'*Isabelle* fut
longtemps avant de consentir à les croire. Il se refusa
obstinément à reconnaître l'identité du capitaine
Ross, qu'il savait mort depuis deux ans.

Il y avait quatre années que l'expédition était commencée quand elle se termina par le débarquement
aux Orcades de l'équipage du *Victory*.

Le retour excita une joie d'autant plus vive, plus
universelle que le deuil avait été plus général.

L'arrivée miraculeuse de ces glorieux ressuscités
ne s'oublia pas rapidement. Aussi, quand des désastres ultérieurs frappèrent des expéditions plus
nombreuses et plus amplement fournies de moyens
de défense contre le climat du pôle, l'espérance sur-
vécut pendant près de vingt ans aux victimes. Ceux
qui, jeunes, les avaient embrassées pour la dernière
fois, avaient vieilli sans perdre l'espérance de les
revoir. Alors que tout semblait perdu, un souvenir

Le *Victory* surpris par une tempête au milieu des débris de la banquise. (V. page 68.)

soutenait leurs efforts, c'était celui du retour des marins du *Victory*.

Pendant que son grand rival se couvrait de gloire, Parry ne restait pas inactif. Dès le printemps de 1816 il retournait au pôle avec son héroïque *Hecla*, réparé à la hâte pendant l'hiver précédent.

Les glaces s'ouvraient à peine qu'il arrivait en vue des côtes du Spitzberg. Il se dirigeait vers la banquise qu'il avait la prétention de forcer.

Audace incroyable, qui ne fut imitée que de nos jours, il se lança sur ces murs infranchissables à la tête d'une poignée d'intrépides matelots. Quand l'eau les arrêtait, ils jetaient bravement leurs pirogues à la mer et faisaient force de rames pour gagner d'autres glaçons.

Quand ils avaient atteint la masse compacte et solide, ils traînaient leurs canots.

Pendant trois mois ils luttèrent de la sorte, et ils ne s'arrêtèrent que parce que, la banquise dérivant vers le sud, ils perdaient au fur et à mesure tout le terrain qu'ils gagnaient.

C'est seulement cinquante ans plus tard que d'autres marins anglais marchant sur une autre banquise devaient dépasser les latitudes que ce grand navigateur avait conquises.

VI

LE CAPITAINE FRANKLIN.

Nous sortirions du cadre que nous nous sommes imposé si nous cherchions à décrire les grandes expéditions qui furent dirigées du côté du Spitzberg, les unes sous le commandement du capitaine Parry, et les autres sous celui du capitaine Franklin. Nous devons cependant mentionner l'expédition à laquelle prit part le lieutenant Sabine, aujourd'hui major général et président de la Société royale de Londres. En effet, cet homme célèbre n'a jamais oublié la gloire acquise dans cette exploration du Groënland, la mesure de la gravitation merveilleusement exécutée sur le petit morceau de rocher auquel le nom d'île du Pendule est resté. Toute sa carrière scientifique, consacrée à l'étude des questions magnétiques, a été le développement des questions posées à sa laborieuse jeunesse. Personne n'a autant contribué à faire sortir l'Amirauté britannique de sa longue torpeur. L'influence qu'il a acquise dans les glaces du pôle a été constamment employée au service des questions polaires. Quelque loin qu'il ait poussé le ménagement pour les théories fantaisistes de Gauss et les caprices géographiques de Petermann, il n'a jamais abandonné la route frayée par les Hudson, les Davis et les Baffin. Il n'a pas un seul instant cessé de montrer sa préférence pour les magnifiques travaux de l'illustre directeur de l'observatoire de Christiania.

Nous ne pouvons entreprendre même de résumer toutes les campagnes qui se sont succédé pendant un quart de siècle, et dont les comptes rendus forment une des parties les plus intéressantes des *Parliamentary Papers*.

Mais nous devons faire remarquer que, grâce à tant de sacrifices, les côtes de l'Amérique du Nord sont connues aussi exactement que celles de la Jamaïque ou de la Trinité. Le mystère ne commençait que pour l'archipel arctique, dont la géographie était à peine ébauchée.

Les distinctions honorifiques et les postes importants à l'aide desquels le gouvernement anglais avait récompensé le capitaine Franklin n'avaient pu éteindre son ardeur. Il ne voulait pas laisser inachevée la solution de l'immense problème géographique auquel il avait consacré sa jeunesse. La découverte purement théorique d'un passage dont le commerce ne pouvait tirer aucun parti lui parut le seul moyen de couronner dignement l'édifice de sa vie.

Pendant que cet homme illustre était gouverneur de la Tasmanie, l'*Astrolabe* et la *Coquille,* commandés par Dumont d'Urville, relâchèrent à Hobart-Town.

Épuisés par une longue navigation dans les mers polaires, les équipages reçurent du vétéran de Trafalgar et du pôle nord un accueil fraternel.

Lequel de ces deux immortels champions de la marine moderne est le plus à plaindre? Est-ce celui qui périt carbonisé par l'incendie d'un train de la rive gauche? est-ce celui qui succomba au froid, à la fatigue et à la faim, au milieu des neiges bravées, peut-être avec imprudence, à un âge où la nature devait lui conseiller de chercher le repos?

Franklin est mort avec les braves qu'il commandait; mais leur trépas glorieux allait donner aux sciences géographiques un élan plus puissant que la découverte du passage qu'ils cherchaient n'aurait pu le faire. La conquête du pôle, si longtemps négligée comme impossible, s'imposait en quelque sorte comme un corollaire des expéditions dont il était l'objet.

Malheureusement, l'échec du *Victory* n'avait pas été fait pour augmenter la confiance dans la réalité du concours que la vapeur pouvait donner aux explorateurs des régions polaires. Au lieu d'accorder à Franklin des steamers, l'Amirauté crut faire merveille en mettant à sa disposition deux navires qui, commandés par le capitaine Ross, avaient servi brillamment dans une grande exploration du pôle sud. Il semblait que le passé de l'*Erebe* et de la *Terror* répondît de leur avenir. Radoubés avec un soin inouï, les navires étaient meilleurs que s'ils sortaient du chantier. On avait accumulé dans la cale des vivres et du combustible pour quatre ans. Toutes les ressources de l'art avaient été prodiguées pour donner aux équipages les moyens de résister contre cet ennemi impitoyable qui se nomme le froid. Les officiers et les marins avaient été choisis minutieusement par le capitaine Franklin, qui, prévoyant tout, jusqu'à sa mort, avait voulu avoir autour de lui des hommes dignes de lui succéder.

C'est le 26 mai 1845, trente ans jour pour jour avant le départ de l'*Alert* et de la *Discovery,* que l'*Erebe* et la *Terror* quittaient Portsmouth.

Les Danois ont successivement conquis le long des côtes du Groënland un certain nombre de points importants où ils ont construit des cabanes et des établissements réguliers. Un certain nombre d'indigènes convertis au christianisme ont pris quelque chose des habitudes européennes. Quelques-uns ont appris l'idiome des Européens. Ceux qui ont gardé exclusivement la langue de leurs pères ont commencé à écrire et imprimer des poëmes et des légendes. Il existe parmi eux des artistes dont les œuvres grossières, naïves, mais intéressantes, ont figuré avec honneur en 1874 à l'exposition de la Société de géographie.

Seuls de tous les Indiens, les Esquimaux civilisés ont gagné au commerce des Européens. Pendant que la population indigène diminue à Tahiti, aux Sandwich, aux Fidji, dans les archipels les plus favorisés par la nature tropicale, elle augmente sans relâche sur la côte déshéritée du Groënland. C'est aux mis-

sionnaires moraves qu'est dû ce glorieux résultat;
persécutés en Europe, ces sectaires vertueux et enthousiastes ont trouvé près du pôle un asile que l'intolé-
rance théologique leur refusait dans leur patrie. Eux
qui étaient condamnés à mourir parmi les hommes,
ils ont trouvé moyen de vivre en paix parmi les ours
blancs.

La région habitée s'étend principalement le long
de la mer de Baffin, depuis la pointe méridionale du
Groënland jusqu'aux régions voisines du détroit de
Smith ; le long de la côte orientale du Groënland, sur
une longueur de six ou sept cents lieues, sont semés
environ douze mille habitants, répartis en deux pro-
vinces ou inspectorats.

Par le 70e degré de latitude boréale, à peu près au
milieu de ce dernier refuge de la civilisation, se trouve
une île grande comme la moitié de la Jamaïque, où se
sont établis deux ou trois cents habitants. Cette île
célèbre dans les explorations arctiques, devenue une
étape obligée pour les navires qui se lancent à la
conquête du pôle ou à la recherche du passage du
nord-ouest, se nomme Disco.

Le 12 juillet 1845, le capitaine Franklin y abordait. Il entrait en rapport avec les autorités scandinaves pour compléter son chargement, et il mettait le
cap au nord-ouest pour chercher le détroit de Lancastre. Des baleiniers l'ont aperçu trois semaines plus
tard voguant dans la direction de cette funeste porte,
par un beau temps, un vent favorable, une mer calme.

Depuis, un silence de mort a plané sur l'expédition à laquelle les éléments semblaient sourire, et qui emportait dans l'extrême nord les vœux ainsi que la confiance du peuple anglais.

A moins de circonstances exceptionnellement favorables, on ne pouvait attendre le retour du capitaine Franklin avant les derniers jours de l'année 1847. Cependant, dès le printemps de 1848, deux navires, le *Plover* et le *Herald*, accompagnés d'un yacht, le *Nancy Dawson*, se dirigeaient vers le détroit de Behring pour donner la main à Franklin. Deux baleinières montées par l'élite des équipages étaient même envoyées par terre dans la direction du fleuve Mackensie, avec le projet de le remonter comme Franklin l'avait fait dans sa jeunesse.

En même temps, le docteur Richardson, l'ami et le compagnon de Franklin, se mettait en campagne pour aller au-devant de l'expédition attendue. Descendant le cours du fleuve Mackensie en toute hâte, il semait sa route de dépôts de vivres, afin que les naufragés pussent trouver des provisions s'ils parvenaient exténués jusqu'à une des stations ainsi pourvues des objets nécessaires au ravitaillement.

Malgré les progrès que la géographie a faits depuis cette époque et les perfectionnements de tout genre dont l'art de la locomotion a été l'objet, on doit encore admirer l'étonnante rapidité avec laquelle le docteur Richardson arriva sur le théâtre de ses anciens exploits.

Prévenu par des dépêches de l'Amirauté anglaise des inquiétudes que l'on avait conçues sur le sort de son ami, il lui avait suffi de trois mois pour parcourir l'espace qui sépare New-York des régions arctiques. Le 3 juillet, il s'arrêtait sur les bords de l'océan Glacial, dans la baie immense où se jette le Mackensie. Employant le procédé rapide des signaux et des feux, il rassemblait, avec une rapidité extraordinaire, des centaines d'Esquimaux à qui il communiquait son zèle. Au lieu de chasser les ours et les phoques, ces braves sauvages se lançaient avec un élan incroyable sur la piste des naufragés.

Au printemps de 1849, l'Amirauté britannique, ne recevant aucune nouvelle ni du capitaine Franklin ni de celui qui le recherchait, avait pris une résolution énergique. En quelques jours une seconde expédition de deux navires était organisée. Elle quittait en toute hâte les ports anglais.

Le capitaine James Ross, mis à la tête de l'*Enterprise* et de l'*Investigator*, arrivait avant la fin du mois d'août à l'établissement danois d'Upperniavik, à deux cents lieues environ au nord de Disco. Il avait été longtemps retenu par des banquises d'une épaisseur extraordinaire. La nature semblait s'acharner afin que le pôle ne pût lâcher sa proie.

Enfin les glaces s'ouvrirent, et les sauveteurs se précipitèrent sur la route que, suivant toute probabilité, Franklin avait dû prendre.

Chaque jour l'*Enterprise* et l'*Investigator* jetaient

5.

à la mer un baril contenant des papiers faisant connaître la position du bâtiment. Chaque nuit on lançait dans les airs des feux de Bengale; quand il y avait de la brume, on tirait des coups de canon. Les navires étaient toujours tenus sous petite voilure, afin que toute embarcation ayant vu les signaux pût atteindre sans difficulté le bord sauveur d'où ils partaient.

Le capitaine Ross était admirablement secondé par ses deux lieutenants Mac Clintock et Mac Clure, qui devaient l'un et l'autre s'immortaliser dans ces mers affreuses, et qui plus tard devaient mettre leur expérience au service du capitaine Narès pour organiser l'expédition de l'*Alert* et de la *Discovery*.

Il faut lire, dans le récit animé de Ross, les détails de cette campagne fébrile. Quelle description est plus émouvante, plus poétique? Comme on admire ces braves marins parcourant, éperdus, les rives du canal du Prince-Régent, cherchant avidement des traces de naufragés dont un épais manteau de neige a peut-être recouvert les cadavres, mais qui errent peut-être encore, mourant de faim et de froid, esclaves de l'hiver et des Esquimaux!

Partout où les matelots de Ross espèrent que les infortunés peuvent parvenir, ils construisent un cairn, espèce de pyramide de pierre, monument garde-manger et signal où ils entassent des vivres.

Il y a quelque chose de surhumain, de divinement émouvant dans cette lutte dont le but est la vie de braves compagnons d'armes, à ce moment expirant peut-être, râlant la faim, se tordant sous les griffes d'un ours. N'est-il pas trop tard pour les arracher au fauve qui, impatient d'attendre, se précipite sur les restes de l'équipage comme sur un troupeau de phoques! Qui sait, vision horrible! si ces malheureux, oubliant tout, si ce n'est qu'ils souffrent, ne se repaissent pas des membres de ceux que la mort a déjà délivrés!

Que de fois, à la lueur des aurores ou de la lune qui dans cette nuit profonde sème de fantastiques lumières; que de fois le bruit du vent n'a pas simulé des mugissements humains! que de rondes inutiles sur les banquises ont amené le désespoir dans des âmes héroïques, qu'aucun danger n'épouvanta!

Le détroit de Barrow et l'entrée du Prince-Régent sont explorés; on a fouillé toutes les criques, tous les rivages. Un seul espoir reste. Il faut pénétrer jusqu'à l'île Melville; c'est de ce côté que le capitaine Franklin a dû se rendre; c'est là que l'on trouvera au moins des débris de l'*Erebe* et de la *Terror*.

Tous les hommes qui ont fait partie des détachements reviennent affectés d'ophthalmies, écloppés, perclus, tellement affaiblis qu'ils ne peuvent se traîner.

Mais le temps s'avance, on est au mois d'août. Il faut se dégager à tout prix. La seule ressource est de scier dans la glace un chenal de plusieurs milles de longueur.

C'est un travail abrutissant, dangereux, malsain, pire que celui des forçats dans les bagnes d'Angleterre.

Quel est le résultat ?

En montant sur la hune, les marins ne voient partout que de la glace, de la glace partout, à bâbord et à tribord. Bientôt on s'aperçoit que la banquise dans laquelle les navires sont engagés dérive impitoyablement vers l'est, avec une vitesse effroyable de huit à dix milles par jour. L'*Enterprise* et l'*Investigator* sont repoussés par une main invisible loin des glaces où le destin a renfermé l'*Erebe* et la *Terror*. La perte de l'espérance d'une espérance produit une désespérance universelle.

Heureusement on a laissé dans ces régions maudites la chaloupe de l'*Investigator*, une cabane, des agrès de rechange, des vivres pour douze mois et des combustibles.

C'est ainsi que finit la campagne de 1849; et vaincu par les courants, le capitaine Ross revenait tristement en Angleterre.

Les dépêches arrivèrent à l'Amirauté (il y a des coïncidences fatales) le même jour que celles du docteur Richardson.

Une si grande infortune devenait une calamité nationale, disons mieux, une calamité universelle. Le désespoir de lady Franklin intéressait au sort de son mari toutes les femmes aimantes. Il fallait que le pôle rendît Franklin vivant ou mort; ces régions glacées devaient se laisser arracher leur secret funèbre.

Cette issue funeste des premiers efforts imprima

Carte de l'archipel du nord-ouest.

une activité fébrile à ceux qui furent immédiatement tentés.

De 1850 à 1854 le gouvernement anglais ne cessa d'entretenir une flotte de quatre vaisseaux dans le détroit de Behring et de six dans le détroit de Lancastre. L'Amirauté promit une prime de cinq cent mille francs à toute personne, quelle que fût sa nationalité, qui découvrirait les équipages de l'*E'rebe* et de la *Terror* et leur porterait un secours efficace. La récompense était réduite à deux cent cinquante mille francs dans le cas où l'on rapporterait des renseignements certains sur le sort des équipages.

Le duc de Wellington, on le voyait bien, avait disparu de ce monde ; qui sait toutefois si le duc de fer lui-même ne se serait point attendri au profit d'un compagnon d'armes de Nelson qu'il s'agissait d'arracher à la nuit polaire et de ramener triomphalement dans sa patrie ?

VII

LE LIEUTENANT BELLOT.

En proie à des agitations politiques qui devaient si tristement se terminer par un coup d'État, notre gouvernement républicain n'était pas en état de prendre part aux croisades dont le but était de retrouver morts ou vifs les équipages égarés. Mais dans un pays où les nobles pensées trouvent toujours de l'écho, de si braves efforts ne pouvaient manquer de susciter des dévouements individuels. Un héros devait racheter au prix de son sang notre indifférence nationale.

Un jeune officier, nommé René Bellot, obtint de prendre le commandement en second du yacht *le Prince-Albert,* dont le commandant en premier était le capitaine Kennedy.

Après avoir servi avec distinction sous ce premier commandant, Bellot passa en 1853 sous les ordres du capitaine Inglefield, qui lui confia le transport *le Breadalbane,* et resta à bord du *Phénix,* son principal bâtiment.

A cette époque, l'Amirauté était, non sans raison,

fort inquiète du sort de l'escadre de l'amiral Beelcher, qui se trouvait cernée par les glaces dans le détroit de Wellington. On lui envoyait l'ordre de revenir en Angleterre, et on lui indiquait comment on l'aiderait à se dégager. Le salut de la flotte pouvait être attaché à la remise des dépêches que l'Amirauté avait ainsi expédiées à la dernière extrémité.

Mais la mer est si mauvaise, les glaces sont si menaçantes, que le vaillant capitaine croit devoir ajourner la dernière étape du voyage.

Bellot offre de tenter cette entreprise presque insensée.

Le 16 août, il se met en marche dans la direction du nord avec deux hommes, un traîneau et un canot de caoutchouc.

Deux jours après, il arrive à la limite des glaces et lance à la mer son canot. Mais à peine a-t-il terminé l'opération, qu'un violent vent du nord le fait repentir de sa témérité. Pendant qu'il parvient à retirer son canot sur la banquise, le vent change. Un ouragan du sud-ouest se lève. La glace se brise, le lieutenant et ses matelots sont séparés de leur traîneau.

Les voilà sans vivres, sans provisions, sans vêtements et sans combustible.

La mer déferle avec tant de violence, qu'il n'y a pas moyen de lancer le canot pour regagner la pièce avec laquelle le traîneau et les provisions flottent sur la mer courroucée.

Bellot n'hésite pas un seul instant.

Il ordonne à ses compagnons de se garantir, de se serrer derrière un glaçon qui les abritera contre la bise. Il leur apprend à creuser avec leurs couteaux une sorte de tanière où ils se tapiront à côté l'un de l'autre, afin de profiter mutuellement de la chaleur de leur corps. Il les rassure, et leur parle avec éloquence de la miséricorde de Dieu.

Puis, le brave jeune homme fait le tour de l'île flottante sur laquelle un triste sort l'a jeté. Il veut se rendre compte des ressources qu'elle peut offrir et faire l'inventaire de toutes les chances de salut qui restent.

Les matelots, ne le voyant pas revenir, se décident à quitter leur triste abri pour aller à sa recherche. Ils n'aperçoivent sur le champ de glace que le bâton de voyage du malheureux lieutenant. Ce bâton flotte sur le bord opposé d'une large crevasse où son maître, précipité par la bourrasque, a sans doute trouvé son tombeau.

Les deux survivants, sans feu, sans aliments, passent vingt-quatre heures sur l'homicide glaçon.

Heureusement le vent finit par les pousser sur un autre champ de glace qui reste immobile. Il est échoué sur un bas-fond.

L'espoir qui brille de nouveau à leurs yeux, facilement éblouis, leur donne une force qu'ils ne se soupçonnaient point.

Avec l'agilité de deux rennes, ils se précipitent sur ce glaçon sauveur qui les conduit sur une glace solide ; puis ils rencontrent un troisième glaçon plus petit qu'ils peuvent manœuvrer avec une vieille rame conservée par miracle.

Le canot qu'ils ont été obligés d'abandonner est perdu. Les dépêches que portait le lieutenant Bellot sont enfouies avec son cadavre sous une glace inconnue. Il est inutile de chercher l'amiral Beelcher et de remonter vers le nord-ouest le canal de Washington.

Le seul objectif des deux désespérés est de retrouver leur navire.

Ils y parviennent après mille angoisses, et ils racontent la mort du brave lieutenant Bellot.

Ainsi périt à vingt-sept ans seulement un homme qui, dans sa courte carrière, fut une des gloires de la marine française, et qui, n'étant encore parvenu qu'à un grade inférieur, obtint un honneur exceptionnel dont presque aucun amiral britannique n'a jamais joui.

En effet, les Anglais rendirent un suprême hommage à sa vaillance. Sur le quai de Greenwich, au milieu des souvenirs d'Aboukir et de Trafalgar, s'élève une colonne de bronze, édifiée par souscription en l'honneur du lieutenant Bellot.

La mort funeste, mais glorieuse, de ce jeune héros arctique précéda l'alliance des deux peuples, les triomphes communs de la guerre de Crimée.

Au jour de nos malheurs, le ministère inepte et odieux qui trahissait l'Angleterre et la civilisation n'osa faire enlever cette colonne de fraternité, où en compagnie de quelques Anglais, rougissant de M. Gladstone, j'allai déposer une couronne de lauriers.

Le général Sabine, le compagnon de voyage des Ross et des Parry, rendit un solennel hommage à notre brave Bellot. Il prononça son éloge au sein de la Société royale de Londres.

Lady Franklin trouva dans sa douleur des paroles éloquentes pour consoler la mère qui perdait un tel fils. Elle envoya à la Rochelle, sa ville natale, une lettre où on lisait ces mots :

« Il n'est plus, ce brave et généreux jeune homme que j'aimais comme un fils. Il n'est plus, ce pauvre René Bellot qui représentait l'honneur et la chevalerie de la France, et que tous nos braves marins britanniques chérissaient. Consolez-vous, madame; car, s'il n'a point eu de sépulture, vous savez au moins qu'il est mort en héros et en chrétien. »

Les Esquimaux eux-mêmes, ces pauvres pêcheurs de la baie de Pound, qui voient la mort sous tant de formes, ont éclaté en sanglots en apprenant de la bouche du capitaine Inglefield que leur ami le brave Bellot était parti pour la terre des esprits.

Ces honneurs ne furent pas les seuls que l'on rendit à notre compatriote. Barrow, le savant secrétaire de l'Amirauté britannique, eut soin de faire élever un tombeau à Bellot sur les rivages de l'île Beechey, au pied d'immenses montagnes couvertes de glaces, près du lieu où il s'était voué à la mort pour essayer de sauver une escadre déjà cernée par les glaces, qui devaient l'emprisonner.

Si les âmes des morts sont sensibles aux honneurs que nous leur rendons, aucun hommage n'a pu être mieux accueilli aux Champs Élysées. En outre, un autre triomphe posthume attendait bientôt Bellot. Un grand navigateur devait à côté de son cénotaphe placer la pierre funéraire que la meilleure des épouses destinait à la mémoire de l'illustre Franklin.

VIII

LA DÉCOUVERTE DES NAUFRAGÉS.

Le mérite de la découverte des traces du capitaine Franklin revient entièrement au docteur Rae, ancien compagnon du docteur Richardson dans sa campagne pédestre à la recherche des malheureux marins perdus. C'est de *Repulse Bay*, le 27 juillet 1854, qu'est daté le rapport qui annonça à l'Amirauté le détail de cette trouvaille presque miraculeuse, et qui valut à son auteur la somme de deux cent cinquante mille francs, partager à avec les autres membres de son expédition.

Circonstance digne de remarque, le côté vers lequel le docteur Rae se dirigea, comme poussé par un instinct secret, conduisait vers les seules régions que l'Amirauté n'avait pas désignées dans les instructions données à ses croiseurs.

Franklin avait péri dans cette terre du Roi Guillaume où le capitaine Kennedy se serait rendu si le sud du détroit ne lui avait paru rempli de banquises infranchissables contre lesquelles il n'avait osé lutter.

Vers le printemps de 1850, les Esquimaux qui habitent ces régions désolées avaient vu un détachement d'hommes blancs voyageant au sud, sur la glace, et traînant derrière eux un bateau. Personne, dans ce détachement, ne parlait la langue des Esquimaux. Cependant les étrangers avaient fait comprendre par signes qu'ils avaient perdu leurs navires dans les glaces, du côté du nord, et qu'ils se dirigeaient vers le sud en cherchant du gibier, seul espoir qui leur restât. Les malheureux étaient excessivement pâles, et tiraient avec peine leurs traineaux. Ils paraissaient à bout de forces, et, par conséquent, leur chasse devait être bien maigre. Comme ils possédaient des objets de valeur, ils achetèrent un veau marin que les indigènes venaient de tuer. Mais ils n'eurent pas l'idée de les engager à leur service, ou, peut-être, ne purent-ils parvenir à faire entendre qu'ils le désiraient. (Voy. fig. page 97.)

Après ces quelques négociations, les indigènes disparurent pour continuer leurs expéditions. Mais ils revinrent avant la débâcle des glaces, et ils purent s'assurer que les hommes qu'ils avaient rencontrés dans une situation si terrible avaient succombé jusqu'au dernier. D'après le récit qu'ils firent au docteur Rae, ils trouvèrent les cadavres de trente Européens, morts de froid et de faim sur la grande île.

Quelques malheureux, un petit nombre, avaient été enterrés. Probablement, les premiers délivrés par la mort de cette vie de misère et d'angoisses avaient reçu les honneurs funèbres de leurs compagnons. Quant à ceux qui avaient mieux résisté au froid, ils avaient conservé trop peu de forces pour l'user à creuser des tombes.

Combien de temps avaient duré ces luttes terribles de la vie qui vacille et fume comme une lampe dont, faute d'huile, la mèche s'est carbonisée? Les Esquimaux ne pouvaient le dire.

Ils ajoutaient que quelques cadavres étaient entassés sous des tentes et d'autres sous un bateau renversé. On voyait encore des corps éparpillés sur la neige, comme s'ils avaient expiré sans secours dans le lieu où ils étaient tombés.

Le docteur Rae terminait son terrible rapport en envoyant des objets qu'il avait achetés aux indigènes, et qui avaient certainement appartenu aux explorateurs vaincus par le pôle nord. Il y avait une petite pièce d'argenterie et une décoration de l'ordre du Mérite, venant, évidemment, du capitaine Franklin. Les Esquimaux avaient entre les mains des débris de télescope, de compas, de couverts et de fusil. Tous ces objets avaient-ils été innocemment ramassés dans les solitudes où ils avaient été abandonnés? Oiseaux funèbres, les Esquimaux avaient-ils attendu que la mort leur livrât ces trésors? Les Anglais avaient-ils été assassinés par une tribu profitant de leur extrême faiblesse et trouvant que la mort était trop lente à en venir à bout? Les indigènes avaient-ils profané les cadavres des blancs, et les blancs eux-mêmes s'étaient-ils respectés? La faim, terrible, impitoyable, ne les avait-elle pas poussés aux plus déplorables extrémités?

Que s'était-il passé pendant ces cinq hivernages
dont le dernier avait été le plus lugubre, le plus
meurtrier? Telles étaient les questions terribles qui
restaient à résoudre, et qui étaient d'autant plus pal-
pitantes, que trente-cinq cadavres ne faisaient pas le
compte de la moitié des équipages. Quand même un
seul des braves matelots eût survécu, n'était-ce pas
un crime de lèse-nation que de l'abandonner?

Malheureusement la perte des navires de l'amiral
Beelcher rendit l'Amirauté insensible. Les lords
hauts commissaires se hâtèrent d'accorder la récompense promise au docteur Rae, pour éviter d'avoir
un prétexte à se mêler de nouveau des recherches
dont les marins du capitaine Franklin pouvaient
être encore l'objet. Sans la sollicitude infatigable de
lady Franklin, les expéditions étaient terminées.

Dans le courant de l'année 1857, lady Franklin
acheta de ses deniers le yacht de plaisance *le Fox*,
qui avait un tonnage de 177 tonneaux seulement.
Il était commandé par le capitaine Mac Clintock, qui
avait demandé l'honneur de servir sans traitement.
Son lieutenant, le baleinier Young, avait fait de même;
il avait, de plus, imposé comme condition qu'il con-
tribuerait de sa bourse à l'armement du noble vaisseau. Le chirurgien Walker, naturaliste de l'expédition, n'avait pas été moins désintéressé. Vingt-six
sous-officiers et marins complétaient un équipage
admirable auquel lady Franklin avait communiqué
le feu qui l'animait.

Il fallait que Mac Clintock et ses compagnons eussent le cœur cerclé du triple airain dont parle le poëte,

Marche des compagnons de Franklin après avoir abandonné leurs traîneaux. (V. page 94.)

pour avoir mené jusqu'au bout cette étonnante campagne.

Le 18 août 1857, ils se trouvaient au milieu de la

mer de Baffin lorsqu'ils se virent tout à coup cernés par une immense accumulation de glaces en dérive. Incapables de gagner un rivage quelconque, les voilà soudainement condamnés à passer des mois entiers sur un immense radeau flottant. Ils ne sont pas plus maîtres de leurs mouvements que les aéronautes montant un ballon esclave du vent. Leur seule distraction, dans ce voyage funèbre, est de comparer la direction des vents et celle des courants sous-marins.

Les explorateurs ne furent libres qu'au mois d'avril par une violente tempête pendant laquelle ils coururent vingt fois le danger d'être mis en morceaux.

Pendant cette longue captivité, ils avaient eu le loisir de prendre en flagrant délit d'erreur ces théories hâtives à l'aide desquelles on se hâte d'expliquer les grands phénomènes de la nature, et qui ont une vogue inouïe jusqu'au jour inévitable où elles cessent d'être à la mode. Alors elles sont soudainement condamnées au plus profond oubli.

Le célèbre Maury avait imaginé qu'un contre-courant sous-marin devait remorquer les glaces dans la direction du nord. Le radeau qui portait le *Fox*, et les montagnes de glace qui l'entouraient de toutes parts, descendirent depuis le 75° parallèle jusqu'au 67°. Cette étonnante croisière fut accompagnée d'incidents terribles et solennels. La compression de la glace était tellement forte, que les marins du *Fox* virent souvent se former instantanément de profondes crevasses. La banquise, cédant à la pression terrible, éclatait avec autant de force que si une mine chargée de dynamite y eût été allumée.

Heureusement, comme au *Teghetoff*, dans les mers du Spitzberg, il n'arriva jamais au *Fox* de se trouver dans l'axe de ces soulèvements, quoique quelques-unes de ces éruptions éclatassent à cent pas à peine de lui. Sans avoir été ni brisé ni lancé au sommet d'une montagne improvisée, le *Fox* put bénéficier de l'ouverture de ces chenals d'eau ouverts, où les phoques viennent respirer. Soixante-dix de ces animaux, laissant leur dépouille aux mains des compagnons de Mac Clintock, leur donnèrent l'huile dont ils avaient besoin pour la lampe et la chair qui était nécessaire à leur alimentation.

Dès qu'ils furent délivrés par l'ouragan d'avril, ils mirent le cap vers le Groenland, pour essayer de s'y ravitailler. Mais ces petites colonies sont un peu comme des navires qui tirent leur subsistance de la mère patrie. Aussi les soutes du *Fox* étaient-elles assez mal garnies lorsque le vaillant capitaine se dirigea de nouveau vers le détroit de Lancastre, pour atteindre la terre du Roi Guillaume par le détroit de Franklin. Avant de s'engager dans cette mer si dangereuse, le capitaine Mac Clintock s'arrêta à l'île Beechey, dans l'endroit où, par les soins de Barrow, on a élevé un stèle funéraire à la mémoire de René Bellot.

La disette de vivres avait fait songer Mac Clintock

a utiliser les dépôts que Ross et Parry avaient formés dans ces régions.

Le capitaine Allen Young, laissant le *Fox* à Port Kennedy, se dirigea vers Fury-Beach avec le cuisinier, excellent auxiliaire pour une semblable expédition, deux Esquimaux, aides non moins précieux ; quelques chiens en petit nombre (l'expédition était pauvre) avaient été pris comme bêtes de somme. La route était longue et d'autant plus dangereuse que les voyageurs avaient pris des traîneaux pour ramener leurs captures.

Mais cette dernière précaution faillit devenir superflue ; la neige avait recouvert le sol d'une couche tellement épaisse, qu'il était impossible de deviner où avaient été placés les barils.

En sondant ainsi au hasard, les Esquimaux d'Allen Young découvrirent deux bateaux, un peu de charbon, quelques barils de sucre, de pois, de tabac et de farine. Ils ne revinrent point les mains vides, mais il leur fut impossible de couronner l'édifice de leur mission en faisant l'inventaire de ce qui se trouvait encore à la disposition des voyageurs.

Pour regagner son navire, le lieutenant Young avait à traverser une baie toute couverte de humnocks ou monticules de neige qui reflétaient la lumière avec l'énergie désespérante dont les glaciers ou la surface supérieure des nuages peuvent seuls donner une idée suffisante. Ces rayons sont d'autant plus insupportables, que pendant plus d'un mois entier l'Européen en est poursuivi. Il lui faut des instruments d'astronomie pour distinguer la nuit du jour.

Frappé d'aveuglement absolu au milieu de cette traversée si fatigante, le capitaine Young se trouve subitement incapable de faire un pas. Pesamment chargés, ses compagnons sont hors d'état de lui venir en aide.

L'expédition est perdue si l'on songe à sauver son commandant; le brave officier du *Fox* se sacrifie, nouveau Curtius, au salut général. Il ordonne, héroïsme plus grand que de se jeter dans un gouffre, qu'on l'abandonne sans aide, sans secours, enveloppé dans un sac de campement.

Pendant vingt-quatre heures, le lieutenant Allen Young resta au milieu de cet épouvantable désert, seul et sans pouvoir ouvrir une seule fois les yeux.

Aucun moyen de savoir si le bruit qu'il entend au loin ne révèle pas l'approche d'un ours qui s'apprête à le dévorer. Il ignore si le vent qui souffle ne va pas déchaîner une avalanche, si ce craquement n'est pas un signe que la glace qui le porte va se détacher de la banquise et le lancer, lui atome, au milieu de l'Océan immense, sans autre navire qu'un peu d'eau glacée.

Combien sont longues les heures sans une voix amie, sans autre horloge que les battements de son cœur!

Malgré son courage héroïque, Allen Young fut plus d'une fois sur le point de s'évanouir; mais ses angoisses n'allèrent pas jusqu'à lui faire ouvrir les paupières, car ce jour qui n'en finit point pénètre dans la cervelle comme une tenaille qui déchire l'âme. Nulle agonie pareille à celle du voyant qui, ébloui à force de clartés répercutées, se réfugie dans les ténèbres. Malheur à lui s'il a la témérité de braver le soleil ; ce sera pour la dernière fois.

Heureusement, les matelots du *Fox* eurent la précaution de tirer, de loin, des coups de feu pour annoncer leur approche à l'ermite involontaire de la baie glacée.

L'hiver de 1858-1859 fut un des plus rudes que l'on ait éprouvé dans les régions arctiques. Le second hivernage du *Fox* fut rempli de périls et de privations plus grandes encore que celles de 1857-1858. Plus d'une fois, les braves marins auraient regretté la banquise de la mer de Baffin, s'ils n'avaient été soutenus par la pensée de s'approcher du terme de leur magnifique expédition.

Malgré les froids exceptionnels qui sévissaient au dehors, la campagne commença le 17 février 1859. C'est seulement le 24 mai suivant que Mac Clintock eut la première confirmation du récit fait par les Esquimaux au docteur Rae. Près du cap Herschell, au sud de la terre du Roi Guillaume, à l'ouest de la baie de Washington et sur les bords du détroit de Simpson, qui sépare l'île du Roi du continent américain, il aperçut un squelette blanchi auprès duquel se trouvaient quelques débris de vêtements européens.

Avec un soin pieux, il écarte la neige, et il découvre un portefeuille renfermant quelques lettres. Bien qu'affreusement détériorés, ces papiers peuvent se déchiffrer. Ils lui apprennent que ce squelette a appartenu au domestique d'un des officiers.

Le jour suivant, Mac Clintock atteint le cap Herschell, pour un cairn, élevé en 1839 par le marin qui a découvert le détroit et lui a imposé son nom. Les pierres de ce cairn ont été déplacées. Sans doute, les malheureux compagnons de Franklin y ont déposé quelque message et quelques objets, témoins muets de leur passage; mais les Esquimaux s'en sont évidemment emparés. Le cairn, remué, fouillé dans tous les sens, ne livre aucun secret.

Un lieutenant de Mac Clintock, qui s'est dirigé vers le nord, a été plus heureux.

A très-petite distance du cap Félix, pointe nord de l'île, il trouve une petite tente avec une couverture, des habits, des effets. Le cairn est fouillé dans tous les sens, mais il ne contient aucun document. On y découvre cependant des objets que les Esquimaux n'y peuvent apporter, un morceau de papier blanc et des bouteilles cassées. (Voy. fig. page 105.)

A deux milles plus loin, au sud, d'autres cairns, de plus petite dimension, sont ouverts. Ils renferment une pioche cassée et une boîte encore remplie de thé.

Enfin, le 6 mai 1859, le lieutenant Hobson, qui continue à suivre la côte en descendant vers le sud, vient dresser sa tente vis-à-vis du cairn du cap Victory, érigé par sir James Ross, lorsqu'il parvint dans ces parages en 1831.

Dix-huit ans plus tard, ce brave marin s'efforçait vainement d'atteindre ce lieu, où il reconnut à sa grande joie que les compagnons du capitaine Franklin avaient déposé le journal abrégé de son expédition.

Le jeune navigateur de 1831 était loin de se douter alors à quel usage servirait son petit monument. Ce rapport apprenait que les commencements de la navigation avaient été heureux. L'*Erebe* et la *Terror* étaient entrés dans le détroit de Lancastre. Les deux navires avaient remonté le détroit de Wellington, sans rencontrer la moindre difficulté; ils étaient revenus, en faisant le tour de l'île Cornwallis, à l'île Beechey, où ils avaient passé tranquillement l'hiver de 1845-1846. Ils étaient redescendus vers le sud aussitôt que les glaces avaient disparu. Ils étaient parvenus jusqu'à la terre du Roi Guillaume, où, le 12 septembre, les glaces les avaient saisis de nouveau. C'est en vue du cairn Victory que s'était passé le second hivernage de 1846-1847. Un lieutenant, accompagné de six matelots, avait été chargé de déposer ce récit, rédigé pour obéir aux instructions de l'Amirauté, mais non en prévision d'un sinistre que rien alors ne pouvait faire supposer.

Un second rapport, écrit dans les marges du premier parchemin, donnait des nouvelles beaucoup plus tristes, à la date du 25 avril 1848, c'est-à-dire à la fin du troisième hivernage. Le capitaine Franklin

était mort le 11 juin précédent, et il n'était pas
la seule victime du froid; neuf officiers et quinze

Dernière halte des compagnons de Maclure. (V. page 103.)

hommes avaient déjà péri. En quinze mois, les
navires n'avaient fait que vingt milles vers le sud. Il
était évident qu'on ne parviendrait jamais à les

dégager. En conséquence, on s'était décidé à les abandonner le 21 avril 1848.

Les survivants, au nombre de cent quinze, sous le commandement du capitaine Crozier, avaient trouvé le cairn bouleversé par les Esquimaux. Ils l'avaient reconstruit et avaient inscrit le second rapport dans les marges du premier. Leur intention était de traverser le détroit de Simpson, de gagner la presqu'ile Adélaïde et de se rendre sur la grande rivière de Back, qu'ils espéraient remonter avec leur canot. Mais l'épuisement dont témoignait leur laconisme devait produire une prochaine catastrophe.

Il semble que les trois jours de marche écoulés entre l'abandon des navires et la date de cet écrit avaient déjà épuisé les forces de ces malheureux ; car on découvrit, dans les environs de ce cairn funèbre, une grande multitude d'objets, habits, effets et menues provisions. Il est probable qu'ils dispersaient leur bagage à mesure que leurs forces s'éteignaient et que leur nombre devenait plus restreint. Des pioches, des pelles, des ustensiles de cuisine, des cordages, du bois, de la toile même, ont été trouvés épars sur le sol ou incrustés dans la glace, après un séjour de dix ans. Pas un seul indigène n'avait visité ce lieu de désolation depuis le passage des Anglais. Sans cela, tous ces trésors eussent été soigneusement ramassés.

Cette partie de la terre du Roi Guillaume offre un paysage triste, monotone, lugubre, même pour l'œil habitué aux paysages arctiques. On n'y découvre pas la moindre trace de végétation. Ces luttes funèbres ne pouvaient avoir un plus horrible théâtre. Impossible de se figurer une plus écrasante désolation.

Le lieutenant Houghton ne tarda pas à retrouver le canot dont les indigènes qui avaient rencontré les malheureuses victimes avaient entretenu le docteur Rae. Ce canot mesurait vingt-huit pieds de long sur sept de large; sa construction était très-légère, mais il était malheureusement placé sur un traîneau très-massif et qui, avec quelque soin qu'on l'eût construit, pesait au moins autant. C'était pour conserver cette masse, leur seul espoir de salut, que les malheureux avaient épuisé toutes leurs forces. Combien ils devaient être misérables et désespérés lorsqu'ils furent obligés de l'abandonner à son tour et de renoncer à s'échapper jamais de cet enfer glacé! Alors la terrible parole de Dante a dû se présenter terrible à leurs yeux épouvantés.

Que de luttes, que d'efforts, que de désespoir avant qu'ils se décidassent à continuer leur route vers le détroit de Simpson sans autre moyen que les glaces pour le franchir et passer sur le continent américain! Puis quelle horrible perspective! Comment remonter cette rivière de Back et regagner les établissements de la Compagnie d'Hudson, le fort Providence ou le fort Entreprise, seules étapes de la vie civilisée?

Le cœur se serre en songeant à tous les drames ignorés qui ont dû se passer dans ce lieu maudit.

Peut-être doit-on désirer que les indigènes, se ruant comme des fauves sur ces spectres ambulants, les aient assassinés pour dépouiller impitoyablement leurs cadavres.

Mais si la lutte a eu lieu quelque part à main armée, ce n'est pas dans le voisinage du bateau. En effet, à l'avant et à l'arrière se trouvait un squelette desséché et tapi sous un tas de vêtements. Épuisés par le froid, les deux hommes à qui appartenaient ces restes avaient évidemment refusé de se lever pour suivre leurs camarades. On les avait abandonnés encore vivants dans ce lieu, où ils n'avaient pas tardé à périr gelés. (Voy. fig. page 109.)

Non loin de là se trouvait un autre squelette, dont les os avaient été bousculés et portaient les traces de la dent d'un fauve. Les ours blancs, qui n'avaient pas, osé pénétrer dans la barque, avaient festoyé à ses dépens.

Les environs du canot étaient semés d'une multitude d'objets : cinq montres de poche, une quantité considérable de cuillers et de fourchettes d'argent, des Bibles dont les matelots ne s'étaient séparés qu'à la dernière extrémité ; car, en présence de cette nature grandiose, le sentiment de l'infini entre par tous les pores ; l'esprit se détache de la terre et s'attache déjà aux choses de l'autre vie. Si l'on peut conseiller d'aller sous les tropiques pour trouver la vie voluptueuse dans la nouvelle Cythère de Bougainville, c'est sous le pôle qu'il est facile de mourir en philosophe.

Découverte des squelettes des compagnons de Franklin. (V. page 108.)

Il y avait encore deux fusils à deux coups, chargés et amorcés, et appuyés sur les côtes du bateau.

Ils appartenaient aux deux marins qui avaient trouvé une mort horrible dans cette solitude. Résolus à défendre le reste de vie qui les animait, ils s'étaient mis en posture de résister aux ours blancs; mais, hélas! lever la gâchette eût été un travail trop pénible pour leurs membres épuisés.

Les munitions étaient en abondance, les vivres mêmes ne manquaient pas. On ramassa sur la neige du thé, du tabac et trente ou quarante livres de chocolat. Cette substance si précieuse, économisée avec tant de soin pendant tant d'années, avait elle-même été abandonnée!

Le capitaine Mac Clintock revint en Angleterre avec ces lugubres détails, qui donnaient une idée des souffrances des équipages, mais qui ne complétaient pas cependant l'histoire de l'expédition. C'est le capitaine Hall qui devait donner une partie de l'énigme dont, en 1876, le capitaine Young n'a pas été à même de trouver la clef!

IX

L'ILLUSION DE LA MER LIBRE.

L'Amirauté britannique, découragée par tant de sacrifices, refusa de prendre part à de nouvelles expéditions polaires. Depuis le jour où le capitaine Mac Clintock revint en Angleterre jusqu'à celui où le capitaine Nares quitta Portsmouth, aux applaudissements d'un peuple entier, dix-huit années s'écoulèrent, dix-huit années pendant lesquelles la Société royale de Londres ne put vaincre la résistance des lords hauts commissaires, malgré la vive sympathie de l'opinion.

L'*Alert* et la *Discovery* n'auraient certes pas été armés si le ministère de M. Gladstone n'avait été remplacé par un gouvernement digne de comprendre la nécessité de relever l'esprit national, affaibli par dix-huit années d'obstination systématique et de politique d'impuissance ou de neutralité.

Il fallut des circonstances extraordinaires pour que ces nobles croisades scientifiques fussent recommencées aux frais d'une nation assez riche pour payer sa gloire, puisqu'elle le serait pour solder sa honte s'il lui en prenait fantaisie.

Il est vrai, l'amiral Beelcher, qui avait dirigé les recherches au nord du détroit de Wellington, revint en Angleterre après avoir été obligé d'abandonner cinq bâtiments et d'entasser les équipages sur un sixième qu'on avait eu la prudence de laisser en dehors des atteintes de la banquise.

Cette grande catastrophe maritime est bien une preuve de la terrible instabilité de ce climat boréal; car les navires durent être abandonnés, soudés dans la glace par les latitudes où en 1851 l'on naviguait librement. Les capitaines Penny et de Haven y chassaient des milliers de palmipèdes et d'amphibies. Rien ne gênait la marche triomphante de leurs embarcations. Le capitaine Franklin lui-même avait heureusement préludé dans ces régions, devenues fort difficiles, à sa funeste campagne qu'une terrible catastrophe devait si malheureusement terminer.

Mais les vies précieuses des marins de l'expédition du capitaine Franklin, les coques des navires délaissés dans les mers polaires, avaient produit des résultats glorieux. L'Angleterre n'avait pas plus à se repentir d'avoir livré cette bataille suprême que celle de Trafalgar ou d'Aboukir. L'Amirauté britannique obéissait à un sentiment indigne en refusant de nouveaux armements.

Un des grands problèmes de la géographie moderne était complétement résolu. Fallait-il regretter vingt-cinq millions de francs? Là-dessus nous laissons au lecteur le soin de répondre, quand nous aurons résumé ce glorieux épisode de la conquête du pôle nord.

Le capitaine Mac Clure, commandant l'*Investigator,* avait été chargé d'aller à la recherche du capitaine Franklin, en prenant par le détroit de Behring. A force de prudence mêlée de hardiesse, Mac Clure était parvenu à découvrir le détroit long et resserré, auquel il a donné le nom de son navire, et le bras de mer plus large qui lui a été consacré. Il avait atteint l'île Melville, but de tant d'efforts. Il avait trouvé sur les bords de l'île Melville un cairn élevé, deux ans auparavant, par le lieutenant Mac Clintock, qui y était parvenu en suivant le détroit de Lancastre. Le passage du nord-ouest était donc découvert.

Il est facile de voir qu'un navire s'engageant dans le détroit de Lancastre trouvera vers l'ouest de ce bras de mer le détroit de Barrow. Au lieu de remonter vers le nord dans le canal de Wellington, il n'a qu'à continuer sa route droit devant lui, il arrivera bientôt à une sorte de bassin intérieur que l'on nomme détroit de Melville, qui le conduira au nord de l'île de Banks. Arrivé à ce point, il pourra à son gré s'engager dans le détroit de l'Investigateur vers le sud, ou continuer sa marche vers l'ouest. Le détroit de Mac Clure ne tardera pas à le conduire dans la mer de Behring.

Mais l'exécution de ce plan de voyage suppose que

les glaces qui encombrent toujours ces tortueux détroits sont toutes fondues, et que la route est également libre aux deux bouts. Malheureusement, il n'en est rien. Lorsque les navires venant de l'ouest peuvent facilement s'engager dans le détroit de Lancastre, ils trouvent que les glaces s'accumulent à mesure qu'ils s'approchent du détroit de Mac Clure.

Par une étrange compensation qui ne s'explique que par une grande loi naturelle, si les bâtiments trouvent le détroit de Mac Clure libre, le détroit de Lancastre sera complétement fermé. Il semble que les influences thermométriques générales qui favorisent la fusion des glaces du côté de l'Atlantique nuisent à leur disparition du côté du Pacifique et *vice versa*.

C'est ainsi que les choses doivent se passer si les lois de la circulation atmosphérique sont exactes, et, au moins dans l'état actuel de la science, on ne comprend pas qu'il en soit autrement.

En effet, pour que l'été soit torride de l'autre côté de l'Atlantique, il faut que les vents du nord dominent en Europe. Mais l'air humide qui nous vient du pôle après s'y être rafraîchi a dû y arriver d'un autre côté. Il faut donc que des temps pluvieux et couverts aient dominé le long de l'océan Pacifique et que, par conséquent, la mer de Behring soit à peu près inextricable.

Ce fut avec une émotion profonde que le lieutenant Mac Clure ouvrit le cairn de l'île Melville et put toucher de ses mains le parchemin donnant matériellement la preuve que le grand problème géographique était résolu.

Mais son triomphe lui coûtait cher, car il voyait son noble bâtiment entouré par une banquise à laquelle il semblait impitoyablement soudé.

Ne voulant pas épuiser ses ressources et ses forces dans un quatrième hivernage, il prit la résolution de partager son monde en deux bandes et d'essayer de retourner en Angleterre après avoir délaissé son bâtiment.

Les uns devaient essayer de gagner le Labrador par la mer de Baffin, les autres, au contraire, devaient se replier sur le Mackensie et les établissements de la baie d'Hudson.

C'était une triste extrémité, car il fallait aux plus favorisés deux mois d'une marche pénible pour être hors de danger.

Le jour du départ a été fixé. Le capitaine Mac Clure et son lieutenant Creswell se promènent mélancoliquement sur la glace à quelque distance du noble navire qu'il faut, hélas! abandonner. (V. fig. page 105.)

La conversation porte sur la terrible nécessité qui empoisonne un si beau triomphe; car l'abandon d'un navire est pour un vrai marin ce qu'est la désertion d'un drapeau.

Tout à coup les deux officiers voient un point noir qui semble rouler plutôt que courir sur la glace. S'imaginant que c'est quelque matelot poursuivi par un ours blanc, ils se portent vivement à sa rencontre, armant leur carabine, afin de faire feu. Mais le fantôme qui s'approche avec tant de rapidité est inconnu. Cet être singulier se met à agiter les bras et à pousser des cris inintelligibles.

On s'approche encore : « Qui êtes-vous? — Le lieutenant Prim du *Herald*. » Derrière lui, à quelque distance, marchent deux matelots qu'il a précédés.

La présence d'une troupe de compatriotes à mille lieues de tout territoire habité par des Européens était un événement providentiel à la veille d'une si terrible détermination.

Les hommes qui attendaient avec une tristesse semée d'amertume l'heure de la douloureuse séparation sentent revivre leur courage. L'équipage de l'*Investigator* est transformé.

Oubliant leurs souffrances, les marins s'élancent de leurs hamacs. Un flot de créatures humaines affolées, ahuries, déborde sur le pont. Chacun se presse autour de l'unique écoutille que le froid a permis de ne pas condamner. Chacun veut être certain qu'on n'est pas le jouet d'un songe et que les arrivants sont bien de chair et d'os.

Le nouveau venu apprend qu'il appartient à l'équipage d'un navire qui a hiverné à Winter-Harbour, sous le commandement du capitaine Kellett. Ayant découvert un rapport laissé par Mac Clure dans un cairn, le commandant a deviné ce qui s'était passé. Le lieutenant Prim a été envoyé à la découverte.

Jamais secours providentiel n'est mieux arrivé au moment décisif.

Le lendemain, le capitaine Mac Clure quittait la baie de Merci (jamais crique ne fut mieux nommée) avec le lieutenant Prim. Il lui fallut onze jours pour franchir les cent soixante-dix-sept milles qui séparaient les deux bâtiments. Le jour suivant, il repartait pour son bord et expédiait au capitaine Kellett ses malades, sous le commandement du lieutenant Creswell. Ce dernier arrivait à Londres le 7 octobre 1853. Il avait l'honneur d'avoir fait le tour complet du continent américain, en passant par-dessus le détroit de Behring. Le fameux passage du nord-ouest dans lequel devait périr l'*Investigator* avait donc été franchi par ce marin et par ses compagnons.

Le capitaine Kellett, se rendant compte de la position désespérée de l'*Investigator*, donna l'ordre au lieutenant Mac Clure de l'abandonner et de venir avec tout son monde à bord des vaisseaux qui étaient arrivés à Melville Island par la baie de Baffin.

Les Américains ne sont pas restés étrangers aux expéditions de recherche de Franklin. La première partit de New-York le 24 mai 1850, sous le commandement du lieutenant de Haven, avec mission d'explorer la péninsule de Banks et l'île Melville. Elle avait pour chirurgien le célèbre docteur Kane, qui ne tarda pas à monter pour son compte une seconde expédition.

Il repartait en 1853, grâce à l'appui magnifique

qu'il trouvait auprès de Grinnel. Loin d'être découragé par ses premiers insuccès, ce célèbre philanthrope était tellement prêt à de nouveaux sacrifices qu'il ne voulait pas accepter d'associé. C'est à force de sollicitations que Peabody obtint l'honneur de lui faire recevoir son argent.

Le docteur Kane embaucha dans le port de Fiskernaess un chasseur esquimau de dix-huit ans qui, jusqu'à sa mort cruelle, devait se signaler au service des explorateurs européens.

Christian Hans était renommé pour son habileté à manier la javeline. Il avait alors toute l'impassibilité d'un Indien du *Far-West*. Il perdit un peu cette qualité dans son contact avec les civilisés, mais il ne tarda pas à acquérir une connaissance sommaire de l'anglais ; quoiqu'il ne pût passer pour un interprète, il était excessivement utile pour communiquer avec ses compatriotes, et pour tirer d'eux une multitude de services inappréciables. Peut-être les cent cinq compagnons de Franklin eussent-ils échappé à la mort si un Hans eût guidé leurs pas.

C'est la présence d'un Esquimau, et le brillant parti tiré de cette circonstance, qui font le caractère principal de l'expédition de Kane. Aussi les livres du docteur offrent-ils, au point de vue des indigènes, un intérêt particulier. On peut y chercher des peintures de mœurs prises d'après nature dans les régions inaccessibles du Nord, sur les rives du terrible détroit de Smith, et tout le long de la mer de Baffin.

On doit à cet explorateur la description de Tessiusak, de Netilik, d'Auvaron, de Petravik, d'Etah, villages esquimaux, situés sur la rive occidentale du Groënland, à des hauteurs que la colonisation danoise n'avait point encore atteintes, et qui joueront un rôle dans les explorations de l'avenir. C'est encore le docteur Kane qui fit connaître le grand glacier Humboldt, situé par le 80e parallèle, et des flancs escarpés duquel se détachent de véritables montagnes de glace. Grâce à lui, on connut pour la première fois l'étonnante formation des épouvantables banquises dont ces mers sont presque toujours encombrées.

Le 4 juin 1854, son lieutenant Morton, accompagné de l'Esquimau Hans, quittait l'hivernage de la baie de Ranselaer et se dirigeait vers le nord. Vingt jours après il atteignait le cap Constitution. Du haut de cette montagne il lui semblait apercevoir les limites australes d'un vaste océan. Une sorte de mirage, facile à expliquer dans des régions où les illusions d'optique sont si fréquentes, montrait un immense océan s'étendant à perte de vue. Le lieutenant Morton, grimpant avec le jeune Hans sur une haute pointe de rochers, arborait, en face de ce qu'il crut être la mer libre du pôle, le pavillon des États-Unis. C'était le drapeau que le commodore Wilkes avait emporté dans son expédition du pôle sud, et qui avait flotté à l'autre extrémité du monde devant une banquise bien autrement redoutable. En effet, le pôle antarctique est environné de glaces qui envahissent l'autre hémisphère jusqu'à des latitudes parfaitement habitables et habitées dans notre monde boréal.

Bien souvent, dans l'histoire des explorations scientifiques et même des découvertes physiques et chimiques, on a vu commettre des erreurs identiques par des savants qui eussent été perspicaces et habiles si une sorte de prévention incurable ne leur eût fermé les yeux.

Que de fois, séduit par les moindres symptômes, par les plus fugitives apparences, on croit tenir ce que l'on vient chercher! Combien cette illusion n'est-elle pas innocente et même respectable lorsqu'on a été la chercher au prix de mille périls, et de deux hivernages successifs, comme ceux que dut braver l'expédition dont nous nous occupons!

·Quelques coïncidences purement fortuites entretenaient et complétaient cette erreur. Un vol d'*anas bernicla* descendait le long d'une terre basse; une multitude de canards barbotaient dans l'eau libre; des hirondelles, des mouettes par centaines, s'approchaient familièrement des voyageurs auxquels elles semblaient souhaiter la bienvenue. Des phoques se jouaient sur les glaces flottantes, arrêtées dans le canal Kennedy. Quant aux eiders, ils voltigeaient en si grand nombre qu'un seul coup de fusil de Hans suffisait pour en abattre plusieurs à la fois.

La végétation elle-même devenait plus verte, plus

Paysage vu par le capitaine Hall sur la terre du Roi-Guillaume. (V. page 137.)

robuste, plus fournie que depuis l'entrée dans le détroit de Smith. Quelques fleurs montraient leur timide corolle à une époque de l'année où ordinairement la neige est encore immaculée. De jeunes pousses de *lychens* et de joubarbes avaient déjà fait leur apparition. La vie semblait renaître et augmenter de richesse à mesure que l'on s'approchait du nord. L'heureux Morton avait donc aperçu du cap Constitution cette mystérieuse Polymnie où les navigateurs des régions polaires pouvaient trouver une température plus douce et les ressources dont ils étaient si affreusement privés dans les régions moins boréales qu'ils venaient de parcourir. Les rêves des poëtes et des physiciens ainsi que les traditions russes étaient merveilleusement justifiés.

Hélas! vingt années plus tard, le compagnon de Morton, le brave et intrépide Hans devait périr de froid dans ces régions qui se montraient sous un aspect si poétique et si séduisant. Quel austère enseignement et quelle amère contradiction!

La côte ouest s'étendait au nord du cap Constitution. Un énorme promontoire de trois mille pieds de hauteur s'élevait sur la côte américaine. Le docteur Kane lui donna le nom de cap Parry.

Le brick *l'Advance* se trouvant engagé dans les glaces trop avant pour que l'on pût espérer le sauver, le docteur Kane arma trois chaloupes avec lesquelles il parvint à regagner Uperniavik. Il fut admirablement aidé dans ces circonstances difficiles par les

Esquimaux d'Etah, le plus septentrional des villages habités du monde entier.

Son guide, Hans, voyant que ses services n'étaient plus indispensables, et ne comprenant pas la nécessité d'affronter une navigation périlleuse, pénible, pour regagner un pays étranger, disparut. Il alla pendant quelques mois reprendre sa vie de chasseur de phoques et de baleines parmi les tribus septentrionales.

L'amour ne fut pas étranger à cette escapade. C'est alors que le jeune et séduisant Innuit épouse sa belle Hannah.

Peut-être ne partageait-il point les opinions de ses compagnons de route, et voulait-il se soustraire à l'obligation de leur servir de témoin.

Toutes les trompettes académiques du monde s'emparèrent de la grande découverte du docteur Kane. Le célèbre baron Plana, directeur de l'Observatoire de Turin, rédigea un long mémoire pour expliquer que l'adoucissement de la température est produit par l'augmentation progressive de la durée des crépuscules, qui croissent à mesure que le soleil fait un plus long séjour au-dessus de l'horizon.

Ces billevesées séduisirent les poëtes. Elles inspirèrent George Sand, et cette grande artiste, dans un de ses romans les plus populaires, raconta les aventures des navigateurs qui, plus heureux que Kane et Morton, n'étaient pas restés sur le seuil de cette oasis de verdure, de chaleur et de vie.

Jamais erreur géographique ne fut plus victorieusement enracinée. Notre pauvre Gustave Lambert ne devait-il pas lui-même en faire le fondement de ses projets?

Elle fut établie sur des bases d'autant plus inébranlables qu'elle parut confirmée par les résultats du voyage que fit le docteur Hayes sur la rive occidentale du détroit, dont quelques années plus tard il suivit les détours, sinon à pied, du moins des yeux, jusqu'au mont Parry et même jusqu'au cap Union.

Parti en 1860 de New-York, cet intrépide explorateur fut victime des mêmes illusions que l'illustre compatriote qui l'avait précédé dans ces étranges régions.

Son hivernage au port Foulke, sur la rive orientale, restera à jamais célèbre, et l'histoire de ses travaux ne perdra rien à l'étude des mirages dont il a été le jouet.

Heureux ceux qui se trompent, quand leur erreur est le fruit de luttes glorieuses et pénibles ; car c'est avec de telles fautes qu'est pavée la grande route de la vérité.

Quoique découverte par Baffin lui-même, explorée par Inglefield, un autre Anglais, et portant le nom d'un citoyen de Londres, la voie nouvelle fut pendant longtemps désertée par les Anglais.

Le détroit de Smith, cette route du pôle, fut donc successivement exploré par deux citoyens américains. Nous allons bientôt voir un troisième représentant de la grande république avoir encore l'honneur d'en sonder les profondeurs glacées.

Car le bruit qui se fit autour des découvertes de Kane, surtout quand elles eurent été confirmées par Hayes, ne tira pas le gouvernement anglais de son indifférence systématique. L'Amirauté avait décidé de se désintéresser des questions polaires depuis qu'on ne pouvait plus s'occuper de sauver le capitaine Franklin et ses intrépides compagnons.

Il semblait que l'humanité interdit d'exposer les marins britanniques à de nouveaux hasards une fois la question d'humanité vidée. C'est au moins le prétexte commode que prirent les hommes de Manchester, ces esprits bas et ternes, incapables de grandes conceptions, pour prêcher la politique d'abandon, de retranchement, d'indifférence et d'économie.

Pendant cette période de défaillance britannique, le zèle des explorations polaires ne s'éteignit pas complétement dans le monde. Il se transporta en Allemagne, en Scandinavie et même en France.

En France, le gouvernement demeura insensible, le désir de sonder le grand inconnu du nord excita le projet d'expédition de notre pauvre Gustave Lambert.

Un seul homme parvint à créer un mouvement énergique, grâce à une persévérance que bien peu d'apôtres savent mettre dans leur propagande.

Malgré l'indifférence ou, pour parler plus exactement, l'hostilité du monde officiel, notre enthousiaste ami parvint à réunir les fonds nécessaires, après avoir parcouru dix fois toute la France et prononcé des centaines de conférences. Le navire *le Boréal* était acheté et en armement lorsqu'éclata la guerre franco-allemande.

Si les catastrophes de l'année terrible n'avaient fondu sur la nation, notre drapeau tricolore tenu par des mains françaises eût guidé les premiers pas de l'humanité laborieuse à l'assaut du pôle nord.

Gustave Lambert aurait-il été plus heureux que le capitaine Franklin ne l'avait été, que le capitaine Hall ne devait l'être? nul ne saurait le dire. Ce qui est certain, c'est que la balle prussienne qui le frappa à la bataille de Montretout l'empêcha seule de s'immortaliser dans la grande tentative où l'insuccès même n'eût point été sans gloire.

N'est-ce pas un motif de plus pour nous intéresser à l'expédition qui, ayant remplacé la sienne, offre une série d'incidents dramatiques, et n'est qu'un long drame continu?

L'expédition du *Polaris* n'est pas seulement précieuse à nos yeux parce qu'elle a porté le coup de grâce aux conceptions grossières des savants de l'Académie de Berlin; mais l'exemple du glorieux martyr de la science qui la commanda a réveillé l'indifférence des savants anglais. Les résultats de son expédition ont donné à la Société géographique de Londres l'autorité morale nécessaire pour obtenir une expédition nouvelle organisée sur des bases magnifiques.

Le voyage du *Polaris* a été l'expérience préliminaire dont les marins anglais se sont servis pour régler tous les détails de la campagne de l'*Alert* et de la *Discovery*.

Le *Polaris* est donc associé au triomphe des braves marins britanniques que les adhérents des doctrines allemandes ont seuls intérêt à dénigrer. Les États-Unis n'ont donc aucun avantage à suivre le docteur Petermann et le docteur Hayes dans les réclamations ou les divagations dont nous aurons à entretenir nos lecteurs.

X

LE CAPITAINE HALL.

Le capitaine Hall est né dans la ville de Rochester, de l'État de New-York, dans le courant de l'année 1821. Il appartenait à une famille peu fortunée qui le destina à une profession manuelle. Quand il fut en âge de choisir un état, on le mit en apprentissage chez un maréchal.

Le jeune Hall n'avait reçu d'autre éducation que celle que l'on donne, en Amérique, à tous les enfants dans les écoles publiques. Mais la nature lui avait donné un esprit doué d'une incessante activité. Aussi avait-il complété son instruction sommaire par une multitude de lectures, et il avait acquis, de la sorte, des lumières sur une quantité d'objets. Il lui manquait peut-être l'ordre et la méthode que donne une culture regulière et que rien ne peut remplacer, mais il avait l'avantage immense d'aimer avec passion la science et de s'exalter pour les grandes entreprises.

Le rude travail de forgeron était loin d'avoir nui à son développement physique ; il avait acquis une force corporelle capable de résister aux fatigues les plus grandes; son âme ardente était donc, avantage rare, secondée par un corps robuste.

Avec un esprit moins actif, Hall eût cherché à se faire une humble carrière en apprenant à saigner les chevaux. Il se fût considéré comme heureux s'il fût parvenu à joindre la profession de vétérinaire à celle de maréchal. Mais il abandonna Rochester pour s'établir dans une ville plus importante, et son métier primitif pour une profession artistique. Il se fit graveur sur acier à Cincinnati. Mais cette nouvelle existence, quoique plus conforme à ses goûts, ne donna pas longtemps un aliment suffisant à son génie inquiet. Bientôt il jeta le burin comme il avait jeté le marteau. Il se fit journaliste, carrière bien hasardeuse et bien pénible, mais, par cela même, faite pour tenter un esprit aventureux.

La première feuille que Hall publia fut l'*Occasioner*, journal paraissant quelquefois, mais qui finit par disparaître définitivement. Le dépit de n'avoir ni obtenu ni mérité aucun succès ne lui fit pas briser sa plume, mais transformer sa publication. Comprenant la toute-puissance du bon marché, il publia le premier journal à deux sous qui ait paru à Cincinnati.

Profitant de ses premiers revers, Hall chercha à s'attacher des lecteurs en les passionnant, et, fidèle aux préceptes du poëte, qu'il n'avait jamais lu, il commença par se passionner lui-même. Le sujet qu'il choisit de préférence fut la recherche du capitaine Franklin.

Le *Cincinnati Daily Press* renferme des pages peu régulières, mais admirables, où Hall avait mis toute son âme, et qui produisirent, même dans les villes les plus éloignées, une profonde sensation. Des habitants de New-York, de Washington et même de l'extrême Sud, s'abonnaient au *Daily Press* comme au seul journal qui discutât d'une manière intéressante et complète cette grande et palpitante question. L'habile et intelligent rédacteur du *New-York Herald,* M. James Gordon Bennett, a augmenté dans une proportion prodigieuse la circulation de son journal en envoyant l'intrépide Stanley à la recherche de Livingstone. Hall aurait pu employer un moyen de ce genre pour rétablir ses affaires, qui étaient loin d'être prospères ; car, chargé de famille, il se trouvait souvent embarrassé par de grandes difficultés pécuniaires ; mais, s'échauffant pour la question du pôle à mesure que le succès de sa feuille augmentait, il n'eut bientôt qu'une idée fixe, celle de devenir lui-même un explorateur, et de prendre une part active aux périls et aux dangers qu'il avait décrits.

De tels exemples sont plus fréquents qu'on ne le pense ; car le journalisme n'est un métier que pour les écrivains assez vils pour ne pas comprendre la beauté de leur mission. S'il en est peu qui agissent de la sorte, est-il beaucoup de médecins qui obéissent à l'amour de l'humanité, de savants qui se passionnent réellement pour la science, de prêtres qui se laissent guider par l'amour de Dieu, et de militaires qui ne voient dans leur épée qu'un moyen de servir la patrie?

Dédaignant les conseils timides de ses amis, Hall chercha donc à prendre part à la première expédition que fréta le célèbre Grinnell. N'ayant pu réussir à obtenir un engagement, il fit une nouvelle tentative auprès de Mac Clintock dans le courant de 1857; mais il ne fut pas plus heureux.

Ces échecs ne firent qu'augmenter son ardeur. A ses yeux, les régions polaires avaient successivement acquis un charme inexplicable, en raison même des obstacles qu'il avait rencontrés. Il eût préféré ces horribles glaciers et ces neiges éternelles au printemps perpétuel du paradis d'Adam ou de l'île de Calypso.

Insensiblement, il se vit obligé d'organiser lui-même une expédition. C'est, à peu près comme un pauvre diable de locataire qui, ne pouvant payer son terme, serait réduit à devenir propriétaire et à faire construire une maison pour lui.

En attendant qu'il pût mettre à exécution son grand dessein, il parcourait toutes les parties des États-Unis, afin d'avoir un avant-goût du pôle, en s'entretenant avec les voyageurs qui, plus heureux, avaient aperçu les éternelles banquises.

Dans le cours de ses voyages, il fut mis en rapport avec des armateurs de New-London, qui avaient, dix ans auparavant, monté à leurs frais une des premières expéditions envoyées à la recherche du capitaine Franklin.

Hall intéressa ces négociants par l'énergie, la

franchise avec lesquelles il développa ses idées, et la science véritable dont il fit preuve dans les discussions auxquelles il prit part devant eux.

On lui offrit donc de lui donner passage à bord d'un baleinier, le *George-Henry*, et de mettre à sa disposition un schooner qui, sous le nom d'*Anaret*, avait pris part à l'expédition de de Haven.

Cette généreuse proposition servit de point de départ à Hall. Nouvel Archimède, il avait trouvé son levier. Il parvint à organiser une souscription modeste, mais suffisante, à laquelle prirent part des habitants de New-York, de New-London et de quelques autres villes des États-Unis. Le 29 mai 1860, il avait le plaisir indicible de mettre à la voile pour les régions inhospitalières où il ne devait trouver la mort qu'accompagnée de l'immortalité.

Le capitaine Hall était parti plein d'espérance, car il avait à bord du *George-Henry* un bateau destiné à servir de traîneau sur la glace. C'était une embarcation légère et résistante, qui semblait devoir se prêter à toutes les exigences d'une navigation étrange, amphibie, tantôt sur la vague furieuse, tantôt sur l'eau changée en rocher. Hélas! il ne devait pas tarder à être frustré dans les espérances qu'il avait conçues.

Vers la fin de septembre, le *George-Henry* se trouvait dans la baie de Cyrus-Field, lorsque survint un violent orage auquel il échappa avec peine; l'*Anaret*, qui avait reçu le nom de *Rescal*, est poussé à terre, échoue et ne peut être relevé.

Ours blanc attaqué par les chiens du capitaine Hall. (V. page 139.)

Vainement l'équipage du brick *la Georgina*, qui courait les mêmes dangers, se dévoue généreusement pour sauver le précieux bateau de Hall. Tous les efforts sont infructueux, le bateau a le sort de la *Rescal;* il est, comme le schooner qui le porte, englouti dans les flots de l'Océan polaire. Le capitaine Hall, qui avait la reconnaissance du cœur, devait, comme nous le verrons plus tard, montrer toute sa gratitude pour un des plus jeunes et des plus braves matelots de la *Georgina*.

Nous ne nous arrêterons pas à décrire le désespoir du capitaine Hall, arrêté dans sa carrière au moment même de commencer ses explorations.

Sa douleur est si grande, si expressive, que le capitaine du *George-Henry* consent à le laisser en arrière, sans autre moyen de transport qu'un vieux canot à moitié démoli. C'était le meilleur qui restât au *George-Henry,* et le capitaine ne pouvait faire davantage sans compromettre la sécurité de son équipage et le retour de son armement.

C'est à l'aide de ressources si misérables que le capitaine Hall explora la baie de Frobisher, le détroit de la Comtesse de Warwick, et exécuta une heureuse campagne qui dura deux ans et demi.

Le résultat des travaux du capitaine Hall fut raconté avec feu dans un excellent ouvrage intitulé : *les Recherches arctiques,* écrit avec talent, conviction, et avec une remarquable pénétration.

Pendant son long séjour sur les bords de la baie de

Frobisher, le capitaine Hall avait fait connaissance avec Joe, guide esquimau qui en 1853 avait visité l'Angleterre, et qui consentit à le suivre en Amérique avec sa femme, pour servir de témoin à ses assertions. C'était un appui dont le capitaine Hall ne pouvait se passer, car il prétendait que les Esquimaux au milieu desquels il avait vécu savaient très-bien ce que le capitaine Franklin et ses compagnons étaient devenus. Il soupçonnait même qu'ils avaient de bonnes et sérieuses raisons pour cacher le sort des équipages de l'*Erebe* et de la *Terror*, et leurs mains ne lui semblaient pas pures de sang anglais. Mais il ne croyait pas possible d'arriver à connaître la vérité vraie sans gagner la confiance de ces sauvages, sans se faire, en quelque sorte, Esquimau. Il se faisait fort d'arriver à ce résultat si on lui donnait les moyens de vivre assez longtemps dans ces régions désolées. Il ajoutait même qu'il n'y avait pas, dans ces recherches, un simple intérêt de curiosité à satisfaire; car rien ne prouvait que quelques malheureux, échappés au massacre de leurs concitoyens, ne traînaient pas la plus horrible existence que l'on puisse imaginer. Quel enfer! vivre sous un ciel sans soleil, et, par surcroît de douleur, être privé de cette lumière sublime de l'âme qui se nomme la liberté! Hall demandait donc instamment à ses concitoyens de l'aider à mener à bonne fin une croisade si intéressante au point de vue de la science, et surtout si nécessaire au nom de l'humanité. Il estimait que ses recherches ne demanderaient pas moins de cinq ans, et il venait chercher les ressources nécessaires pour vivre au milieu d'affreux déserts, privé des nouvelles de sa patrie.

Un dévouement aussi grand, aussi absolu, devait frapper vivement un peuple que ses institutions républicaines ont préparé admirablement à comprendre tout ce qui est grand, noble, généreux.

L'hiver de 1863-1864 suffit au capitaine Hall pour équiper une expédition d'une durée si insolite. Ses amis de New-London, enchantés de ses premiers succès et de l'héroïsme avec lequel il avait continué son entreprise, lui fournirent, à eux seuls, presque tous les capitaux dont il avait besoin.

Le 30 juin 1864, le capitaine Hall mettait à la voile pour Repulse-Bay, avec Joe et Hannah, devenus ses compagnons inséparables. Le 21 août, un baleinier le débarquait dans les environs de l'île Depot.

Le 1ᵉʳ septembre 1865, Hall revenait aux États-Unis, après avoir parcouru la péninsule Melville, le détroit de la Fury et de l'Hecla, la baie de Pelly, la péninsule Boothia, le golfe du même nom, la terre du Roi Guillaume et toutes les régions qui séparent cette partie de l'archipel arctique du golfe de Frobisher, où il avait opéré dans sa première expédition. Il était même parvenu jusqu'à cette île de Beechey, rendue célèbre par les cénotaphes élevés en l'honneur des martyrs de l'*Erebe* et de la *Terror*. Pendant une nuit froide, que la lune inondait de ses rayons, il avait médité en silence sur la tombe du capitaine Franklin. Futur martyr, il avait versé des larmes sur celui qui l'avait précédé dans la mort et dans l'immortalité !

Fidèle à son magnifique et terrible programme, Hall ne s'était préoccupé des découvertes géographiques que d'une façon accessoire. Sa grande tâche était de retrouver les reliques de Franklin ; la découverte d'un mouchoir de poche avait pour lui plus de prix en ce moment que celle d'une île ou d'un détroit.

Aussi n'a-t-il pas rapporté en Amérique moins de cent cinquante objets provenant de cette malheureuse mais immortelle expédition.

Il n'avait pu découvrir les papiers du capitaine Franklin, mais il affirmait qu'ils n'avaient pas été détruits. Il prétendait qu'on pouvait probablement les découvrir à l'est du cap Victory.

Une guerre qui avait éclaté entre les indigènes habitant ces régions désolées, et à laquelle il avait pris part au moins comme spectateur, l'avait empêché de pénétrer dans ces régions où le sang humain avait arrosé des vallées stériles dans lesquelles il n'y avait pas une branche d'arbre à cueillir. (V. fig. page 121.)

Si le capitaine Hall s'occupait peu de recevoir des nouvelles d'Amérique, il s'occupait beaucoup de faire parvenir régulièrement de ses nouvelles à ses compatriotes. Personne, en effet, ne connaissait aussi bien que lui la puissance de la presse, dont il comptait se servir, non comme tant d'ambitieux, pour

8.

éblouir le peuple, mais pour accomplir de magnifiques desseins. Aussi envoyait-il chaque année des chroniques du pôle nord, que ses amis d'Amérique publiaient régulièrement. Ces pages, écrites à la lumière des aurores boréales, avaient tout l'intérêt d'un feuilleton mis en action. On se les arrachait, de l'autre côté de l'Atlantique, comme nos enfants se précipitent sur de mauvais romans dits scientifiques et qui ne sont que grotesques, quoique les sublimes aventures des explorateurs du pôle nord leur servent de canevas.

Suivant cette version, plusieurs équipages étaient parvenus à échapper à la faim et au froid, qui avaient moissonné tant de leurs infortunés camarades, dans le lieu sauvage où les marins du *Fox* avaient découvert un si grand nombre de cadavres.

La description de la grande bataille des indigènes de la terre du Roi-Guillaume fut suivie de la confession que Hall leur avait arrachée.

Les malheureux compagnons de Franklin n'avaient pas eu seulement à lutter contre les éléments, mais ils avaient été obligés de combattre les tribus qui habitent la rivière du Grand-Poisson.

Le sort des armes avait été favorable, faut-il s'en féliciter? à cette poignée d'hommes auxquels le froid n'avait pas enlevé la vaillance caractéristique des Anglais. A la suite de cette action sanglante, mais glorieuse, Crozier avait continué sa route pour gagner les établissements anglais, soit le fort Cherchell, soit la factorerie d'York, qui est, comme nous l'avons déjà dit, l'établissement le plus septentrional de la Compagnie de la baie d'Hudson. Fidèle au plan de son capitaine, Crozier cherchait à l'exécuter, quoiqu'il n'eût plus avec lui que deux compagnons.

Brûlant du désir de vérifier ce qu'il y avait de fondé dans ces rumeurs, et entrevoyant l'espérance de rejoindre les naufragés, Hall établit, en 1868 et 1869, son hivernage dans les environs de Repulse-Bay. Tous les alentours de cette station célèbre furent explorés par lui en traîneau.

Il réussissait admirablement dans ces expéditions si difficiles, parce qu'il ne négligeait aucun sacrifice pour se procurer d'excellents attelages de chiens. On peut dire qu'il est le premier explorateur du pôle qui ait compris les services que peut rendre cet intelligent animal, bien plus utile dans le pays des aurores glacées que ne l'est le chameau dans les sables échauffés par un soleil brûlant.

Que de fois il s'écriait, dans ses admirables lettres du pôle, que jamais la tragédie du Roi-Guillaume n'aurait eu lieu si les compagnons de Franklin avaient eu quelques-uns de ces attelages merveilleux, si, changés en bêtes de somme, ils n'avaient pas été obligés d'user ce qui leur restait de forces pour traîner leur canot! (V. fig. page 133.)

Cette dernière partie des recherches du capitaine Hall offrait un attrait d'autant plus palpitant, qu'il paraît que Crozier et ses compagnons avaient des vivres et s'étaient procuré un canot en cuir. Ils étaient parvenus, soit à imiter les indigènes, soit à se faire céder une de leurs embarcations.

La perspective de mener à bon terme une série d'explorations si riches en renseignements, et de délivrer des hommes ayant subi, pendant vingt années consécutives, des épreuves si terribles, fut contagieuse; Hall recruta même cinq matelots dans l'équipage du baleinier qui l'avait amené d'Amérique.

Nous l'avons représenté dans cette glorieuse campagne où les fatigues et les périls furent à la hauteur du but qu'il se proposait.

Il aurait succombé malgré ses trente magnifiques chiens et le secours de Joe et de sa femme, qui s'étaient attachés à lui, s'il n'avait su prendre toutes les précautions qu'indique la science contre le scorbut et contre le froid.

Les Esquimaux, craignant peut-être le résultat de l'enquête à laquelle Hall se livrait, vinrent se jeter à la traverse et montrer d'abord leur défiance, bientôt leur hostilité déclarée.

Tout autre que Hall aurait versé le sang de ses semblables et abusé, vis-à-vis de ces sauvages, du dernier argument des peuples et des rois.

La conduite de Hall fut plus politique, plus chrétienne, plus généreuse. Il prit en pitié ces pauvres nomades, et, après leur avoir fait comprendre qu'il ne les craignait pas, il ne chercha à les désarmer que par des présents. Alors ils s'ouvrirent et lui racontèrent qu'un homme blanc avait, en effet, vécu quelque temps parmi eux, mais qu'ils avaient fini par le perdre, et qu'ils lui avaient rendu les mêmes honneurs funèbres qu'à un des leurs.

Hall eut d'autant plus de peine à arracher ces confessions, que jamais les Groënlandais n'aiment à parler des morts; même lorsqu'ils n'ont rien à se reprocher à leur égard, ils évitent avec soin toute allusion à ceux qui sont partis pour la terre souterraine des esprits.

Mais s'il devenait incontestable que le capitaine Crozier et un de ses compagnons, au moins, avaient survécu jusqu'en 1864, une autre vérité se dégageait de ces recherches. Aucun compagnon de Franklin ne pouvait désormais être encore en vie. Si le sentiment de curiosité restait encore à satisfaire, l'humanité était complétement désintéressée. Il était temps de s'adonner tout entier à la grande tâche que le capitaine Hall avait toujours eue devant les yeux. En effet, la conquête du pôle nord avait été le but définitif de ses efforts. C'était avec le noble désir de planter le pavillon de sa patrie au sommet du monde, plus encore que pour venir en aide à de si intéressants naufragés, qu'il s'était, pendant tant d'années, séquestré du genre humain.

Il finit donc par prendre passage à bord de la barque *Aurell Gibbs*, de New-Bedford, laissant à d'autres le soin de compléter l'histoire de cette épouvantable tragédie.

A l'époque où il revenait une seconde fois en Amérique, le capitaine Hall était un homme d'une cinquantaine d'années. L'âge n'avait pas diminué la vigueur exceptionnelle que la nature lui avait donnée. Il portait une longue barbe noire un peu frisée sur laquelle venaient se montrer quelques fils d'argent. Une forêt de cheveux bruns couronnait son front large, expressif; ses yeux bleus annonçaient la douceur, et une sorte d'enthousiasme un peu mystique animait sa physionomie. Sa haute stature et sa corpulence montraient que, chez lui, la force était au niveau du courage et de la résolution. Hall avait tout ce qu'il faut pour être le champion d'une noble et grande idée. Il semblait qu'il dût inspirer un véritable enthousiasme aux hommes qu'il aurait sous sa direction, et que tous ceux qui suivraient son drapeau imiteraient son dévouement, son courage. Les circonstances que nous allons rapporter feront comprendre qu'il en fut autrement.

XI

L'ORGANISATION DE L'EXPÉDITION DU *POLARIS*.

Une des célébrités de la ville de Gotha est le docteur Petermann, directeur d'un journal géographique fondé en 1815 et publié par la maison Julien Perthes. Ce personnage, élève du géographe Berghauss dont il fut le secrétaire, avait appuyé de toute son influence les expéditions des docteurs Barth, Overeg et Vogel, qui avaient avec des fortunes diverses exploré l'Afrique équatoriale.

Il voulut mettre le sceau à sa gloire en rendant aux régions polaires des services analogues. Il fonda donc une société dans le but de sonder les mystères de l'extrême nord, et il fit de son journal l'organe spécial de ces aventureuses expéditions.

Mais un véritable savant allemand, jaloux de toutes supériorités étrangères, ne pouvait se résoudre à devenir l'auxiliaire des navigateurs anglais. Il fallait que la grande nation prussienne eût sa route particulière.

Le docteur Petermann n'a jamais quitté l'université dans laquelle il professe, que pour faire quelques voyages à Londres et à Paris. Mais il fut l'un des apôtres de la mer libre, et il s'imagina que l'on atteindrait cet Éden imaginaire, ce paradis perdu de l'autre côté de la banquise, en suivant la côte orientale du Groënland, en passant entre cette terre inconnue et l'archipel du Spitzberg que Parry avait si bien exploré.

Les Allemands sont nombreux en Amérique, où les descendants de Washington ont le tort de les recevoir les yeux fermés; car ces parias de la vieille Europe arrivent dans le nouveau monde avec toutes les vieilles passions de leur Germanie; ils n'ont d'autre ambition que de changer en une autre Allemagne leur nouvelle patrie.

Ils s'entendent admirablement, et, grâce à leur union indissoluble, ils acquièrent une influence à laquelle leur peu d'intelligence et d'instruction ne semblait pas les destiner.

Le capitaine Hall revenait en Amérique après un véritable succès, car il était resté cinq ans dans les mers polaires, comme il l'avait annoncé. Il n'avait abandonné la partie qu'après avoir acquis la certitude qu'il ne restait plus un seul compagnon du malheureux Franklin.

Mais il proposait de se lancer à la conquête du pôle par une route autre que celle du Strabon de Gotha, de cet homme qui parlait de la banquise à peu près comme l'aveugle de naissance Saunderson pouvait parler des couleurs, quand il faisait un cours

Le capitaine Hall recherchant les restes du capitaine Franklin. (V. page 144.)

d'optique aux étudiants de l'Université de Cambridge. Il demandait au public et au gouvernement leur aide pour sonder les profondeurs du détroit de Smith, que l'Américain Kane et l'Américain Hayes avaient déjà parcourues.

C'était assez pour qu'il eût contre lui toute la tribu germanique transplantée aux États-Unis. Peu s'en fallut qu'on ne lui reprochât d'avoir failli à son devoir, en n'arrachant point à la mort les deux derniers compagnons de Franklin, quoique ces malheureux eussent déjà succombé au moment où il avait commencé à les rechercher.

Cependant l'agitation courageuse faite en France par ce brave Lambert pour la route du détroit de Behring, qui avait au moins le mérite de ne point être celle des Allemands, vint en aide au capitaine Hall.

On finit par comprendre à Washington qu'on avait le droit de penser autrement que le pape infaillible de la géographie germanique, dont les yeux perçaient à distance les banquises polaires, car il n'avait pas besoin de quitter le coin de son feu pour indiquer ce que l'on trouverait quand on les aurait traversées.

Le 8 mars 1870, M. Stevenson, de l'Ohio, présenta à la Chambre des représentants un bill autorisant le président à nommer le capitaine Hall commandant d'une exploration des régions polaires. L'honorable député avait pris soin de résumer, dans son exposé des motifs, l'histoire des voyages précédents du capitaine, les preuves signalées qu'il avait données d'expérience, de résolution, etc., etc. Comme le capitaine Hall n'appartenait point à la marine, il fallait de hautes influences et des raisons sérieuses pour lui donner un commandement au nom du gouvernement fédéral.

Après avoir été accepté par la Chambre des représentants, le bill fut présenté au Sénat le 25 mars suivant par M. Sherman, sénateur de l'Ohio; mais ici l'on se montra moins facile. Le projet fut renvoyé au conseil des affaires étrangères, alors présidé par le célèbre Charles Sumner. Comme les sympathies allemandes étaient fort puissantes dans ce comité, et que quelques amis des Germains espéraient encore mettre des « bâtons dans les roues », le nom du capitaine Hall fut entièrement supprimé. Le congrès vota une loi décidant qu'une expédition aurait lieu au nom du gouvernement des États-Unis pour chercher à atteindre le *pôle nord*. Mais le président avait le pouvoir absolu de nommer le commandant ou même d'en nommer plusieurs. Le commandant ou les commandants de l'expédition devaient conformer leur conduite aux avis de l'Académie nationale des sciences. Le président était autorisé à contribuer aux frais de l'expédition pour une somme de 50,000 dollars (250,000 francs), ce qui indiquait suffisamment qu'une souscription publique serait ouverte.

Le gouvernement des États-Unis se montrait plus généreux et plus libéral que le gouvernement français, à peu près à la même époque, vis-à-vis de Gustave Lambert. Il donnait en outre à l'expédition un steamer de guerre dont le choix était laissé au capitaine Hall. Au contraire, Gustave Lambert était obligé de consacrer la majeure partie des sommes qu'il avait si péniblement réunies à l'acquisition de son *Boréal*.

L'Académie nationale des sciences de Washington délégua ses pouvoirs au professeur Henry, le célèbre directeur du *Smithsonian Institution* de Washington, homme très-clairvoyant et très-perspicace, mais peu en position de comprendre les nécessités terribles du commandement dans une expédition de ce genre. Malheureusement on ne laissa pas le capitaine Hall complétement maître à son bord. On se défia de l'omnipotence d'un homme qui plus que tout autre avait dans de pareilles circonstances besoin d'exercer la dictature.

On confia le commandement des observations scientifiques au docteur Émile Bessell, ancien élève de l'Université d'Heidelberg, qui avait la gloire d'être le protégé du docteur Petermann. Partageant toutes les illusions de ce dernier, il n'avait que peu de foi dans les assertions du vaillant et sagace explorateur sous les ordres duquel il allait avoir l'honneur de naviguer.

L'opposition du docteur Bessell était d'autant plus grave qu'il venait d'exécuter une campagne polaire dont on avait fait beaucoup de bruit en Allemagne.

Le récit détaillé avait paru dans le journal de Petermann, véritable évangile géographique, auquel, en bon Allemand, il ne pouvait trouver rien à ajouter ni à retrancher.

Le docteur Petermann l'avait fait nommer physicien à bord du yacht *l'Albert,* quand M. Rosenthal se rendit dans le nord du Spitzberg pour y chasser les phoques. Cette campagne de touriste ayant eu lieu en 1869, le docteur Bessell se croyait destiné à redresser toutes les erreurs du capitaine Hall.

Cette concession à l'esprit étranger était d'autant plus grave que M. Émile Bessell se trouvait en quelque sorte doublé par M. Frédéric Myers, le météorologiste.

M. Myers était un Prussien émigré en Amérique depuis plusieurs années, et employé comme sergent dans le corps d'observateurs militaires, établi par le Gouvernement fédéral pour le service des avertissements.

Le mécanicien en chef, Émile Schumann, était un compatriote de MM. Émile Bessell et Myers. Son autorité était d'autant plus grande que le capitaine Hall n'avait jamais eu les connaissances techniques nécessaires pour conduire une machine à vapeur. Ses explorations avaient développé chez lui les facultés du trappeur beaucoup plus que celles de l'ingénieur.

Cette concession à l'influence allemande avait été d'autant plus funeste, qu'au lieu de recruter l'équipage de matelots yankees, on les avait choisis avec beaucoup moins d'intelligence encore que l'état-major. Par une inexplicable aberration, ils étaient tous Allemands sans exception.

L'équipage n'avait pas et ne pouvait conserver cette homogénéité indispensable pour supporter des épreuves toujours terribles, et surtout pour résister à l'ennui des longs hivernages, cette terrible difficulté des voyageurs du pôle.

Alors que le soleil a disparu pour de longs mois et que la nature est en deuil, l'âme de l'être humain emprisonné dans un étroit réduit est en proie à une multitude d'influences pernicieuses ; même les plus vaillants se sentent ébranler, les plus enthousiastes sont pris de découragement, les petites passions se déchaînent et produisent de grands orages. Les moindres contrariétés prennent une proportion gigantesque et deviennent facilement des événements immenses, compromettant la discipline et mettant quelquefois en danger l'avenir de l'expédition.

Le cook était Anglais et le second maître d'équipage était Irlandais. C'était le célèbre William Morton, qui prétendait avoir aperçu la mer polaire au nord du glacier de Humboldt. Il n'était que médiocrement zélé, peut-être, pour le succès d'une expédition qui devait lui enlever son plus beau titre de gloire. Qui sait s'il ne se rendait pas compte des découvertes que le *Polaris* devait faire ? Ceci est un mystère entre sa conscience et lui.

Il avait fallu l'intervention personnelle du capitaine Hall pour que l'on embarquât à bord du *Polaris*, en qualité de pilotin, un marin américain qui devait soutenir miraculeusement l'honneur du drapeau étoilé.

Quoiqu'il n'eût pas l'éducation sans laquelle il n'y a point de capitaine capable de commander un grand navire, Tyson avait le sang-froid, le courage et la détermination qui peuvent remplacer la science, et sans lesquels la science ne permet pas de lancer l'équipage dans des conditions périlleuses.

Le capitaine Hall l'avait rencontré dix ans auparavant, au début de sa carrière d'explorateur, dans cette terrible tempête du 27 septembre 1860, où il avait perdu le canot construit avec tant de soin. Tyson, alors patron d'un petit brick, s'était exposé lui et son équipage aux plus épouvantables dangers. La *Rescal* avait sombré sous les pieds de ce vaillant matelot qui avait lutté jusqu'à la mort pour empêcher l'Océan d'engloutir le canot du capitaine Hall.

Aussi Tyson devint-il le confident, l'intime du capitaine Hall. Ce vaillant sauvetage n'était pas le seul haut fait maritime inscrit dans les états de service du jeune Tyson.

Le capitaine du *Mac Clelan*, mécontent de sa pêche, prend un parti énergique. Il demande douze hommes de bonne volonté pour hiverner dans les glaces, afin d'être prêts à chasser les phoques au printemps, dès que les premières lueurs du soleil se seront montrées.

Non-seulement ces dévoués auront à braver les rigueurs inouïes d'un hiver polaire, mais ils devront encore se traîner de glaçon en glaçon pour approcher ces animaux que les entreprises des baleiniers ont rendus extraordinairement méfiants, et qui comprennent maintenant que l'homme, ce nouveau venu, inconnu de leurs pères, est encore le plus redoutable des ours blancs.

Les douze hivernants prirent dans leurs sacs quelques provisions et quelques planches, puis ils souhaitèrent bon voyage à leurs compagnons. Ce n'est pas sans les plus cruelles appréhensions que le reste de l'équipage mit le cap vers le sud.

Sur la côte du golfe de Cumberland erraient quelques tribus d'Esquimaux, indépendantes du gouvernement danois, et que la fréquentation des baleiniers a préparées à recevoir une sorte de civilisation grossière. Ces indigènes furent d'un grand secours aux matelots américains, et Tyson apprit déjà à tirer bon parti de toutes les ressources de leur expérience.

Ses amis esquimaux de la côte de Cumberland lui enseignèrent leur manière économique et simple de se chauffer et de faire la cuisine. Il s'aguerrit aux mets étranges dont ils se contentent et avec lesquels tout explorateur des régions polaires doit être familiarisé.

La chasse fut heureuse ; les matelots du *Mac Clelan* ne se bornèrent pas à chasser les phoques ; ils tuèrent aussi des baleines, au nombre de dix-sept.

Alors Tyson s'habitua insensiblement à manger la viande de ces cétacés, aliments que les matelots laissent ordinairement aux oiseaux de proie. Car ces derniers, plus intelligents, nettoient les os de cet immense animal à peu près aussi bien que nos ménagères « décrottent » les os de bœuf.

Un étonnement toujours nouveau pour les indigènes est de voir que les Européens viennent de si loin pour tuer ces gigantesques habitants des mers, et qu'au lieu d'utiliser toute leur dépouille, ils laissent le meilleur et ne prennent que la graisse.

Les Esquimaux enseignèrent encore au jeune Tyson l'art de renfermer la viande dans des espèces d'outres faites en peau de phoque, de la cacher sous des pierres où les ours ne peuvent venir la voler, et d'en faire des dépôts que l'on retrouve plus tard si l'excursion n'a pas été favorable. Semant ainsi ses provisions derrière lui, le vrai chasseur de phoques n'est jamais exposé à mourir de faim.

La neige qui l'entoure lui sert en quelque sorte de cave et de garde-manger.

L'été de 1851 fut très-tardif dans les mers polaires. Ce fut seulement au mois de septembre qu'arriva le premier baleinier.

Le *Mac Clelan* n'était pas exact au rendez-vous, et cela par la meilleure raison de toutes, celle qui à elle seule eût dispensé de toutes les autres. Le vaillant bâtiment avait sombré.

Son capitaine et son équipage avaient été recueillis

9.

par le *True Love* qui, après avoir arraché les naufragés à une mort certaine, avait consenti à continuer son sauvetage. Il venait dans la baie de Cumberland pour recueillir les matelots laissés en 1850.

Le *True Love* n'était qu'un vieux navire à jamais désemparé, qui n'avait jamais eu beaucoup d'huile dans ses cales. Les produits de la chasse de Tyson et de ses camarades encombrèrent son pont, au point de rendre presque impossible la manœuvre, qui n'était pas fort aisée, même lorsque ce bâtiment était sur lest.

Un ouragan survient au large de l'Écosse, le *True Love* est jeté à la côte. Tyson est un des rares matelots qui parviennent à se sauver à la nage.

Le malheureux échappe, mais en perdant son coffre et tout son butin. Il arrive dans un pays civilisé, ne possédant que les hardes mouillées qu'il a sur le dos.

Le consul d'Amérique lui paye son passage à bord d'un steamer, le *Charles Holme,* qui se rend de Liverpool aux États-Unis. Pour la première fois dans sa carrière maritime, Tyson est à bord d'un navire qui n'a pas besoin de chercher le vent.

Mais à peine le vapeur est-il au large de Terre-Neuve qu'une nouvelle tempête éclate. Les aubes d'une roue sont enlevées. Le gouvernail est démoli par une vague furieuse. On est obligé de fuir devant la tourmente. Après quarante jours, pendant lesquels il faut faire jouer sans relâche les pompes, le *Charles*

Holme arrive de nouveau à Liverpool. Il coule bas dans la Mersey, à une petite distance du rivage. Tyson est sauvé encore une fois.

Le consul d'Amérique embarque Tyson à bord d'un autre navire en partance pour les États-Unis, et le malheureux arrive à New-York sans un sou vaillant.

Ses amis profitent de cette circonstance pour lui persuader de quitter une carrière si ingrate. On le décide à se mettre forgeron et à finir comme le capitaine Hall a commencé.

Mais la nostalgie des phoques et des glaces ne tarde pas à prendre le disciple de Vulcain. Il signe un nouvel engagement, et le printemps de 1855 le trouve au large du Groënland.

Tyson n'avait plus cessé de naviguer, jusqu'au jour où, ayant entendu parler des projets du capitaine Hall, il vint offrir des services acceptés avec empressement.

Le capitaine Hall avait une trop longue expérience des mers arctiques pour se laisser séduire par l'idée de commander un grand navire. Il savait par expérience qu'il faut souvent se glisser entre des glaces énormes prêtes à se refermer, et que la seule qualité indispensable à un navire d'explorations dangereuses est une solidité à toute épreuve.

Dans tous les arsenaux de l'Union son choix s'était arrêté sur le *Periwinkle*, navire à hélice d'environ quatre cents tonneaux, mâté en schooner. Quoique puissante, la machine n'était pas tout, et la voilure n'avait pas été sacrifiée, comme à bord de la plupart des steamers.

En effet, dans la navigation du pôle, la vitesse est un élément relativement insignifiant. Ce qui est indispensable, c'est qu'on soit assuré d'arriver quand même et de triompher des graves obstacles qui peuvent barrer la route à des bâtiments d'une marche rapide, mais peu solidement construits.

La question alimentaire avait été également étudiée avec un soin inouï. La qualité des vivres fut l'objet d'une enquête des plus rigoureuses. On profita, du reste, de l'expérience acquise à cet égard dans les expéditions à la recherche du capitaine Franklin ; on emporta un nombre considérable de caisses en étain remplies de conserves de toute espèce, et notamment de *pemmican*. Cet aliment, imité des Indiens, se prépare en triturant de la viande et de la graisse ; on obtient, de la sorte, un mélange extraordinairement substantiel, où l'organisme trouve toutes les matières combustibles indispensables dans un climat si terriblement épuisant.

Le *Periwinkle*, destiné à un service pénible, avait été construit avec un bordage d'une épaisseur inusitée ; mais, malgré ce renfort, la charpente n'avait pas une solidité suffisante pour résister au rude contact des banquises.

Aussitôt qu'il eut pris possession du *Periwinkle*, le capitaine Hall le fit recouvrir d'une couche de chêne

Joe à Uperniavik (Groënland nord), lors de l'expédition du *Polaris*. (V. page 176.)

blanc de six pouces d'épaisseur; l'avant devint un morceau solide de bois. C'est seulement lorsqu'il l'eut terminé par une lame triangulaire en fer, analogue à la proue des anciens Romains, qu'il considéra son œuvre de transformation comme terminée; alors, il fit peindre le nom de *Polaris* à la poupe de ce puissant navire-bélier.

Comment ne pas se rappeler avec émotion que ces précautions faisaient partie du programme du pauvre Gustave Lambert? C'était notre pauvre ami qui avait imaginé de transformer ainsi le navire explorateur en véritable machine de guerre, afin d'utiliser contre les glaces toute la force de propulsion dont il pouvait l'animer.

Le capitaine Hall profita également d'une idée aussi simple qu'ingénieuse, exposée mille fois par Gustave Lambert, publiée dans tous les journaux qui rendirent compte de ses innombrables conférences.

Un des foyers avait été disposé de telle sorte que l'on pouvait, à volonté, brûler du charbon ou de l'huile. Chaque baleine que l'on harponnait, chaque phoque que l'on fusillait devenaient un élément de vie pour l'expédition. La graisse que l'équipage ne pouvait manger était l'aliment de la machine.

Ces deux grands perfectionnements ont été définitivement introduits dans la navigation du pôle nord. Qu'il nous soit permis d'en revendiquer la propriété pour un héros qui n'a eu qu'une tristesse sur son lit de mort. Il regrettait de n'avoir pas deux vies pour en donner une au pôle nord et l'autre à la patrie.

Le *Polaris* avait une bouée de sauvetage d'une forme toute particulière et jouissant de propriétés toutes nouvelles.

On pouvait la détacher du bâtiment avec une facilité extraordinaire, à l'aide d'un ressort d'une forme spéciale. Un autre mécanisme, situé dans la cabine, permettait d'allumer un fanal électrique qui, s'élevant à deux ou trois pieds des vagues, guidait merveilleusement tout malheureux tombé à la mer. Cette lumière étincelante pouvait également brûler lorsque la bouée était à bord. Elle devait servir de signal aux embarcations égarées, aux traîneaux en expédition sur la banquise. C'est surtout dans la construction des barques que le capitaine Hall avait épuisé les ressources de son expérience et de son intelligence.

Le *Polaris* emportait quatre canots semblables à ceux des baleiniers, mais de construction beaucoup plus soignée, beaucoup plus parfaite. Il y avait, en outre, deux embarcations d'une forme particulière. L'une était à fond plat, de manière à servir de traîneau, à peu près comme les embarcations de Ross; l'autre était un bateau d'une légèreté incroyable qui possédait une propriété inestimable; il se démontait en quatre morceaux que l'on pouvait facilement traîner sur les glaces les plus raboteuses.

Ce bateau modèle avait été construit d'après les principes qu'emploient les Esquimaux en fabriquant leurs *ommiaks,* ou grands bateaux en peau de phoque, que leurs femmes conduisent en ramant debout.

Les cordages étaient en toile goudronnée, imperméable, plus solide et plus légère encore que la substance si merveilleusement employée par les indigènes dans leurs étranges et intelligentes constructions. En homme véritablement civilisé, Hall n'avait rien négligé pour appliquer scientifiquement les principes simples révélés par l'expérience aux sauvages au milieu desquels il avait si longtemps vécu.

Ce canot n'avait pas moins de vingt pieds de long, quatre pieds de large et deux pieds de profondeur. Il pouvait porter, au besoin, vingt hommes avec des vivres, car il jaugeait quatre tonnes. Cependant, il ne pesait pas plus de cent vingt kilos, de sorte que cinq ou six hommes suffisaient non-seulement pour le manœuvrer à la mer, mais même pour le traîner sur la glace, après l'avoir démonté.

Le capitaine Hall avait à sa disposition une petite bibliothèque spéciale dont il pouvait tirer le plus grand parti pour trouver d'heureuses inspirations. Dans sa cabine se trouvait une collection complète des papiers du parlement d'Angleterre, racontant toutes les expéditions polaires qu'il a ordonnées. On y avait joint le récit de tous les voyages au pôle que l'on avait pu se procurer.

Un facteur d'orgues de New-York avait fait cadeau à l'équipage du *Polaris* d'un excellent instrument. Heureuse et poétique inspiration. Le charme de la musique, n'est-ce pas le spécifique le plus efficace pour lutter contre l'inévitable ennui qui saisit les marins à la fin de l'hivernage? Ne faut-il pas, en effet, un sentiment inné, une foi robuste dans l'éternelle harmonie des forces qui mènent le monde, pour comprendre que le soleil, qui met tant de jours à revenir, sera fidèle à la consigne qu'il a reçue de l'architecte de la nature, et qu'il se représentera à l'heure indiquée par les calculs astronomiques, pour nous éclairer de ses merveilleux rayons?

Les instructions du département de la marine donnaient pleins pouvoirs au capitaine Hall pour décider de l'opportunité de revenir aux États-Unis. Il n'avait personne à consulter pour continuer la lutte contre la nature tant qu'il croyait possible de la prolonger.

Le gouvernement recommandait au capitaine Hall de jeter tous les jours à la mer, quand elle serait libre de glaces et quand le *Polaris* aurait dépassé le cap Duddley-Diggs, des bouteilles ou de petits cylindres de cuivre contenant les nouvelles générales de l'expédition.

On devait également construire des cairns, ou pyramides de pierre, sous lesquels on placerait des provisions quand on le jugerait nécessaire, et, chaque fois, un résumé sommaire des événements saillants.

On avait imprimé, pour ces divers objets, des feuilles contenant des indications rédigées en différentes langues maritimes. Les marins du *Polaris* n'avaient qu'à remplir les blancs laissés à leur disposition.

Toutes ces mesures, fort sages, ont été fidèlement imitées dans toutes les expéditions ultérieures. Il en est de même de celles qui avaient été recommandées par le professeur Henry de Washington, après avoir pris l'avis du grand géologue Agassis. Un des derniers services rendus à la science par cet homme universel fut d'indiquer avec précision les points majeurs sur lesquels doivent porter de pareilles investigations.

La première qualité que l'on doit exiger des observateurs qui lisent les instruments météorologiques, c'est la précision. Mais la régularité est à peine moins rigoureusement nécessaire.

Les lectures doivent être assez nombreuses pour permettre des comparaisons intéressantes, mais il faut se garder de surcharger inutilement les voyageurs et multiplier, sans nécessité, les chances d'inexactitude, en imposant de trop nombreuses obligations. Aussi, d'après le conseil d'Agassis, le professeur Henry se borna-t-il à demander quatre observations quotidiennes, correspondant aux heures où ces observations sont faites aux États-Unis.

Les observations astronomiques devaient, autant qu'il était possible, en tenant compte de l'état du ciel, être exécutées au même moment.

Il était interdit, de la façon la plus complète, de faires des ratures ou des surchages dans les registres de l'expédition. Ne doivent-ils pas être inviolables et purs de toute altération , comme les livres de caisse des commerçants ou des banquiers?

Les mêmes règles qu'à bord devaient être observées dans les traîneaux ou dans les chaloupes envoyées en reconnaissance.

Les physiciens du *Polaris* devaient étudier sans relâche des phénomènes d'un intérêt exceptionnel et dont on ne peut s'occuper fructueusement que dans ces régions lointaines. La variation du compas, l'intensité de la force magnétique de la terre, l'électricité de l'air, les formes de la neige et des brouillards, les aurores boréales devaient être l'objet d'une constante attention. La nature et la disposition des nuages ne devaient pas être notées avec moins de soin. La hauteur et l'heure des marées, la couleur de la mer, son état de salure, la disposition et la séparation des banquises, leur masse, leur vitesse de translation devaient être autant de sources inépuisables d'information. Des instructions spéciales avaient été rédigées pour diriger les études de haute optique, telle que la polarisation, et les mirages extraordinaires auxquels la présence des glaces donne forcément lieu. On devait également rendre compte des déformations du disque du soleil ou de la lune, lors du lever et du coucher de ces astres. En un mot, le grand Agassis, qui avait passé la plus belle partie de sa vie à étudier les glaciers des Alpes, consacra ses dernières veilles à guider le gigantesque assaut du grand glacier qui couronne notre hémisphère.

Il avait également donné des instructions très-précieuses pour observer la configuration du crâne des indigènes et leurs habitudes; car cet homme illustre soupçonnait que l'homme de l'époque glaciaire, dont on retrouve les ossements mélangés à ceux de l'ours des cavernes, n'était autre que l'Esquimau.

Tant de lumières versées sur cette question d'un intérêt si universel n'ont pas été répandues en pure perte; l'amirauté anglaise en a, comme nous le verrons, très-largement profité. Mais pourquoi faut-il que la présence d'une poignée d'Allemands, incapables de comprendre et d'exécuter la haute mission confiée à leur intelligence et à leur dévouement, ait empêché le capitaine Hall de recueillir le fruit de toute une vie de labeurs, de périls et d'incessants travaux?

XII

DE WASHINGTON AU NORD DU GROENLAND.

C'est le 29 juin 1871 que le *Polaris* sort de l'arsenal maritime de Washington; le 3 juillet, il quittait New-London au lever du soleil. Un peu avant que le soleil quittât l'horizon, un violent orage de foudre éclatait. C'était la dernière fois que le capitaine Hall devait assister à ce magnifique spectacle; car les orages proprement dits sont inconnus dans ces régions arctiques, où la foudre change de caractère et prend la forme splendide de l'aurore boréale. Le vent avait une intensité inouïe et se déchaînait avec une fureur telle, qu'un grand nombre de bâtiments firent naufrage en plein Océan, où la mer est moins dangereuse que sur les côtes. Le navire supportait cette épreuve d'une manière triomphale, qui montrait que les modifications introduites dans son armement n'avaient pas porté préjudice à ses qualités nautiques; mais, dans le port de Saint-Jean (Terre-Neuve) éclatait à son bord une tempête morale dont les suites devaient être beaucoup plus graves. Un conflit s'éleva entre le capitaine Hall et la mission scientifique, qui prétendit être indépendante du commandant. Hall, espérant que les communs désirs de succès constitueraient un lien suffisant, n'insista pas sur des questions théoriques d'obéissance. Il n'a pas le petit amour-propre de faire briller son autorité à bord d'un steamer perdu dans les banquises. C'est vers le pôle que sont dirigées toutes les forces de son âme.

Le 9 juillet, le capitaine Hall célèbre, dans la cabine, le service divin, auquel il exige la présence de tous les membres de l'expédition. Il déclare que, désormais, on en fera autant tous les dimanches. Hall est doué d'une piété solide. Enfant de la nature, il comprend la puissance de l'Être suprême qui crée les mondes. Il sent que le premier devoir de l'homme est de rendre hommage à son Créateur. Il a horreur de cette science imparfaite et à courte vue qui croit expliquer le monde avec quelques formules mathématiques ou philosophiques. Il est, et il s'en fait gloire, de l'école du baleinier Scoresby, qui, comme nous l'avons vu, ne laissait pas lancer une baleinière à la mer le jour du Seigneur. Simple par éducation, sain de cœur, il voit et il sent simplement, saintement les choses.

Le lendemain, on aperçoit les premières glaces. Elles descendent souvent à des latitudes beaucoup plus basses, au grand détriment de la sécurité de ces mers. C'est en les abordant que périssent presque tous les navires. Le 19, on voit passer à tribord une pièce de bois qui a longtemps flotté dans l'Océan, et qui provient évidemment de quelque naufrage. Est-ce d'un baleinier? Est-ce une épave d'un des nombreux steamers qui ont disparu corps et biens? Quelle est l'histoire lugubre de ce triste navire?

Ces pensées sinistres s'évanouissent bientôt devant l'arrivée d'un Groënlandais dans son kyak. Les indigènes se hasardent sur l'Océan à des distances inouïes. Leur canot, imperméable, peut braver les plus violentes tempêtes; il n'y a pas de lame capable de le défoncer. Avec leur vêtement de peau de phoque, leur figure à moitié cachée, on les prendrait pour des animaux marins. Sortant du creux d'une vague, ils se présentent à l'improviste, comme s'ils s'élançaient du fond des eaux.

Cet indigène est un pilote qui habite une petite ville de la côte nommée Fiscernass, et où se rend le *Polaris*. On donne le nom de ville à des amas de cabanes qui, en Europe, mériteraient à peine le nom de village. Une trentaine de maisons de planches constituent une métropole. Les glaces se multiplient à mesure qu'on approche de cette côte, qui prend la couleur verdâtre à laquelle elle doit son nom. De l'herbe, des mousses et des lichens, voilà la parure d'été qu'elle prend sous les rayons du soleil. Mais le temps est délicieux, l'ardeur des rayons dont l'astre du jour inonde le firmament se trouve tempérée par l'humidité de la mer, dont les eaux superficielles ont la fraîcheur d'une source descendant des montagnes.

Le *Polaris* allait à Fiscernass pour chercher Hans, le célèbre indigène qui avait accompagné le docteur Kane. Hans jouit, au Groënland, d'une célébrité universelle. Avant d'aborder, on a de ses nouvelles. L'escale est inutile ; Hans est parti pour le nord du Groënland ; c'est là seulement qu'on pourra l'embarquer. Il a profité de l'été pour rendre visite à la famille de sa femme, qui est originaire des environs d'Uperniavik. Obligés de rester tapis dans un terrier pendant de longs mois, les indigènes tiennent à profiter du soleil. On peut dire qu'ils ont deux existences. En été, ils ne dorment jamais ; en hiver, par compensation, ils dorment toujours. Tantôt ce sont des marmottes, tantôt des écureuils. (V. fig. p. 157.)

A Lichtenfelds (le champ des lumières), on voit une grande maison, située sur un promontoire : c'est le séminaire des missionnaires chargés de porter la parole divine dans ces vastes régions. Le capitaine s'y serait volontiers arrêté s'il n'avait craint de perdre un temps précieux.

Le 31 juillet, le *Polaris* jette l'ancre devant Holsteinborg, et, le 4 du mois d'août, il entre dans la rade de Disco. Le matin, un pilote arrive à bord, et, le 4, le *Polaris* est dans le port de Godshaven.

Godshaven (le havre de Dieu) est devenu une station obligatoire dans les voyages du pôle nord. C'est là, en effet, que les navires reçoivent leur complément de chargement, apporté par des transports d'Europe ou d'Amérique. Le *Polaris* est le premier qui

ait pratiqué ce procédé commode, infaillible pour
aborder les régions polaires avec des ressources in-

Le tombeau du capitaine Hall. (V. page 186.)

tactes. Le navire *le Congress* apportait, en outre, des
vivres supplémentaires pour remplir un magasin à
Disco. On évitait ainsi les mésaventures du *Fox*,

qui, arrivant pour se ravitailler au Groënland, après huit mois de captivité dans les glaces, ne trouvait que des magasins vides, et était obligé de partir avec des rognures pour le détroit de Lancastre, où il devait subir successivement deux hivernages.

La mission scientifique n'était pas satisfaite des concessions si noblement consenties par le capitaine Hall. Le châtiment des ambitions malsaines, des jalousies basses serait de voir leurs efforts couronnés par un succès apparent qui ne servirait qu'à mettre en lumière leur étonnante impuissance.

Les étrangers ne font qu'un, tous épousent les mêmes querelles ; qui en blesse un les blesse tous. Le pavillon de l'Union américaine n'existe pas pour eux ; il n'est qu'un chiffon bariolé, couvert de raies et d'étoiles.

Le capitaine Hall a l'intention de faire comme Hudson et de débarquer les mutins. Le *Congress* les ramènera à Washington. Mais les matelots menacent de déserter, et tous sont Allemands. Que faire alors ? comment recruter un autre équipage ? Faut-il retourner aux États-Unis annoncer qu'on n'a même pu atteindre l'entrée du détroit de Smith ?

Cette position est infernale. Le révérend Newman, aumônier des États-Unis, qui se trouvait à bord du *Congress,* veut tenter un grand effort. Il se rend à bord du *Polaris,* où il célèbre le service divin. Agenouillé devant le Créateur, en présence de l'équipage, le révérend récite la prière suivante :

« O Dieu du ciel et de la terre, nous sommes heureux de t'offrir, dans ces solitudes, nos humbles prières, dont nous espérons que notre isolement augmentera le prix. Aie pitié de nous, car si nous allons dans ces régions désolées, c'est avec l'espérance de reconnaître là même des signes clairs de ta sagesse et de ta providence. C'est au milieu de ces ruines apparentes de la nature que nous espérons convaincre l'impie qui ose nier ta science et ta bonté infinie.

« Donne-nous surtout, Dieu du ciel et de la terre, donne-nous pour tous des sentiments de pitié et de charité. Fais que des êtres humains, si éloignés du secours de leurs concitoyens, n'oublient pas qu'après toi, ils n'ont d'autre aide qu'eux-mêmes ; fais qu'ils soient bien persuadés que ta miséricorde saura les atteindre même sous la grande nuit polaire. Tu lis ce qui se passe dans leur cœur aussi bien que si le soleil de leur patrie les éclairait. Si tes bontés nous faisaient défaut en apparence, voyons si nous n'avons pas cessé de nous en rendre dignes par notre orgueil, par nos impiétés, par nos désobéissances. »

Après le service, le docteur Newman retourne à bord du *Congress,* le cœur serré par l'idée de quitter des compatriotes exposés à de si cruels dangers. Peut-être a-t-il un vague pressentiment ; sent-il que jamais il ne pressera de nouveau la main loyale de Hall, qui ne lui a caché aucun de ses tourments.

L'équipage du *Congress* est monté en partie sur les

vergues. Au moment où on lève l'ancre, des acclamations enthousiastes éclatent. Les matelots du *Polaris* répondent avec moins d'ardeur. Les bouches allemandes ne sont pas habituées à pousser avec beaucoup de vigueur des hourras à la mode anglaise.

XIII

DE DISCO A LA BAIE THANKSGOD.

L'effet de la prière du révérend Newman ne dura guère plus longtemps que le bruit des acclamations joyeuses des marins du *Congress*. A peine le *Polaris* avait-il levé l'ancre à son tour, qu'un matelot allemand se permettait un acte grave d'insubordination. Contrairement à ses habitudes, le capitaine Hall sévissait. Il fait mettre le délinquant aux fers, lui annonçant qu'à son arrivée à Uperniavik il le fera débarquer.

Mais, quand il s'agit de mettre la mesure à exécution, Hall se trouve en face d'une difficulté inattendue. Les matelots allemands déclarent tout d'une voix qu'ils ne laisseront pas partir leur camarade; tous sont solidaires. Tous resteront à bord, ou tous déserteront ensemble le même jour.

Pour la première fois, peut-être, la foi du capitaine Hall se trouve ébranlée; il lui semble que son étoile pâlit en face de cette brutale obstination. Il croit que tout le travail de sa vie est réduit à néant par une poignée de brutes incapables de comprendre le patriotisme scientifique; car la liberté qu'ils ont trouvée en Amérique ne leur fait pas perdre de vue le despotisme qu'ils ont laissé de l'autre côté des océans.

Pendant la première partie du voyage, Hall occupait ses loisirs à la rédaction de ses dernières aventures. Il s'était flatté de l'espérance qu'il abrégerait ainsi les nuits du prochain hivernage en écrivant l'histoire des hivernages auxquels il avait déjà échappé. Un doute terrible traverse l'esprit de cet honnête homme. Que deviendront les traces de ses travaux antérieurs, si le *Polaris* éprouve quelque malheur? Si cette expédition échoue, faut-il perdre à la fois le fruit de toutes les expéditions passées? Hall prend un parti décisif, terrible, qui prouve combien sont grandes ses perplexités. Il se sépare de ses chers manuscrits; il les confie au gouverneur des établissements danois, dont le zèle et la loyauté sont au-dessus de tout soupçon.

Pour un homme d'entrain et d'initiative, de pareilles pensées sont mortelles. Hall, ébranlé, doutant de lui, n'est plus Hall! Une voix secrète, celle qui ne trompe jamais, lui dit que le pôle ne sera jamais conquis par lui.

Vainement il s'est préparé, par des travaux exceptionnels, à combattre la nature; vainement il a mis de son côté toutes les chances en raisonnant tous les obstacles qui peuvent se dresser devant lui. Il n'a oublié qu'une chose : l'enthousiasme qui le dévore ne pourra être communiqué aux compagnons qu'on lui a choisis. Le sentiment national, ce levier merveilleux dont il comprend toute la puissance, ne pourra lui servir, car le malheur veut qu'il ne soit entouré que d'éléments étrangers! On eût choisi exprès les matelots pour les rendre insensibles, que l'on n'aurait pas mieux réussi.

Cependant, le capitaine est l'homme du devoir. Il étudie sans relâche le grand problème à la solution duquel il s'est si vaillamment attelé. Il ne néglige aucun détail. Quoique frappé au cœur et n'ayant point confiance dans l'issue définitive, il ne veut succomber qu'après avoir pris toutes les précautions auxquelles son expérience lui permet de songer.

L'habillement de son équipage le préoccupe vivement, car il sait par expérience que nos meilleures étoffes européennes se laissent pénétrer par ces froids terribles. Une des plus graves erreurs commises par les voyageurs des régions polaires, est de ne pas comprendre que la nature seule peut nous donner les moyens de nous garantir contre ses propres excès.

C'est sur les peaux de chien que le capitaine Hall a compté; mais les pauvres magasins d'Holsteinborg ne peuvent lui fournir un approvisionnement suffisant; l'île de Disco elle-même est impuissante. Il n'y a qu'à Uperniavik qu'il pourra compléter son approvisionnement.

Hans, que l'on cherchait déjà à Fiscernass, est enfin découvert à Uperniavik, où il se trouve en famille. Il ne demande pas mieux que de s'embarquer à bord du *Polaris,* mais il est si bon père, si bon mari, qu'il ne veut se séparer ni de sa femme ni de ses enfants. Il viendra, mais à condition que sa famille sera embarquée avec lui. (V. fig. p. 157.)

Déjà le *Polaris* possède un ménage esquimau, celui de Joe et de Hannah; mais le capitaine Hall, qui connaît à fond les indigènes, sait qu'il peut compter sur le dévouement de ces sauvages. Que ne peut-il se fier avec une égale sécurité à ses Allemands!

Hélas! la suite de cette histoire va montrer que l'avantage n'est pas toujours resté aux hommes qui se disent civilisés. Si tous les matelots du *Polaris* avaient imité ces enfants du pôle, ce noble navire serait heureusement revenu.

L'entrée dans le détroit de Smith a lieu sans aucune des difficultés auxquelles on s'attendait. Les glaces sont maniables; il suffit d'un peu d'attention pour se glisser au milieu d'elles sans courir aucun danger. Si ce n'était la crainte de rencontrer quelque obstacle inattendu, on n'aurait même pas besoin de leur céder la place, l'éperon du *Polaris* les eût pulvérisées sans que sa marche en soit retardée. Quel spectacle inouï! Le *Polaris* repousse les glaces comme un aérostat dissipe les nuages au milieu desquels, en montant vers l'espace céleste, il trace son sillon. Si ce n'était le sifflement de la glace, qui cède comme la roche sous la scie du tailleur de pierres, on pourrait croire que ces masses blanchâtres d'eau congelée sont dépourvues de toute ténacité, de toute cohésion.

Mais la malechance qui s'attache aux pas du capitaine Hall ne tarde pas à se montrer. Un coup de maladresse met hors de service la chaudière que l'huile doit échauffer. Comment réparer cet objet si important dans un pays où il n'y a pas un seul étameur? On s'aperçoit qu'on n'a pas les outils nécessaires pour faire la réparation.

Jamais perte d'une embarcation ne fut aussi sensible au capitaine. La fureur est peinte sur son visage ordinairement si calme et si doux. A qui s'en prendre? Qui accuser? Y avait-il un complot parmi les étrangers? Veut-on ramener, de parti pris, le *Polaris* en Amérique avant qu'il ait accompli sa glorieuse mission?

Hall prend une résolution peu raisonnable qui prouve le trouble de son esprit. Il fait briser la chaudière, et on la jette à la mer. Ce cuivre inutile ne lui rappellera pas la maladresse, peut-être coupable, de quelque mécanicien allemand!

C'était une grande perte pour le *Polaris,* car dorénavant la vapeur ne pourra plus s'obtenir avec de l'huile de baleine ou de phoque. Quand le charbon manquera, les machines seront désormais inutiles.

Mais Hall ordonne d'économiser le combustible; la cuisine ne se fera qu'à l'huile, c'est avec de l'huile que les hommes de l'équipage se chaufferont.

Dès le 27 août, le *Polaris* aborde à la baie de Renselaer. C'est là que le docteur Hayes a hiverné; c'est de là que Morton est parti, il y a déjà seize ans, pour traverser le grand glacier de Humboldt avec l'Esquimau Hans. Tous deux naviguent encore sous pavillon américain. Tous deux vont bientôt reconnaître que leurs yeux, égarés par un mirage, ont pris une mer de vapeurs pour l'Océan polaire, où nul n'a encore pénétré.

Au nord du glacier de Humboldt se trouve une crique assez vaste que Hall appelle la baie du *Polaris;* c'est cette nappe d'eau, située au pied du cap Constitution, qui a trompé les deux explorateurs.

L'erreur est manifeste; car, au nord d'un golfe large et profond, s'élèvent des montagnes noirâtres, abruptes, sur le flanc desquelles sont suspendues des masses de neige. Le glacier Humboldt a un frère non moins épouvantable.

Au delà de cette baie, le chenal se resserre. Quoiqu'il ait encore dix-huit à vingt kilomètres de largeur, il est obstrué par d'immenses blocs de glace.

Le *Polaris* est maintenant en pleines eaux inconnues. Jamais regard civilisé n'a plongé sur ces rivages encore sans nom. Le capitaine Hall, usant de son droit souverain d'inventeur, donne à ce vaste défilé maritime le nom de canal de Robson, en l'honneur du secrétaire de la marine.

Le choix est heureux; car, sans Robson, l'expédition du *Polaris* n'eùt pas eu lieu. Si l'on avait écouté ce perspicace homme d'État, le capitaine Hall aurait eu la haute main sur tout son monde; on l'eùt chargé de recruter ses équipages, on ne lui aurait pas imposé des matelots allemands.

Le capitaine Hall ne descend pas une seule fois dans l'entre-pont. A mesure que le navire s'élève dans le détroit, les glaces deviennent plus nombreuses, plus dures: leur tendance à se souder augmente. Les hommes de l'équipage se regardent avec effroi, mais aucun n'ose adresser au capitaine la moindre représentation.

De temps en temps, il fait signe de stopper. Puis, aussitôt que le *Polaris* a repris haleine, il crie de nouveau : *En avant ! en avant !*

Cependant, la glace devient de plus en plus épaisse. Il faut que le *Polaris* laisse passer une énorme banquise.

Le capitaine envoie un lieutenant à terre pour examiner si une baie est utilisable. Pourrait-on y hiverner en cas de besoin? En aucune façon. La côte ne donnerait aucune protection au navire. Le *Polaris* est presque aussi bien en sûreté au milieu de ces glaces qui commencent à serrer de près ses robustes flancs.

Hall fait, à tout hasard, placer des provisions sur la glace; si le *Polaris* est englouti, les marins qui échapperont ne perdront pas tout. Il jette lui-même à la mer un baril où il a renfermé des dépêches très-minutieusement rédigées. S'il doit périr, ce ne sera pas sans laisser derrière lui un récit de ses découvertes; si la fortune, contraire au navire, sourit au baril, le fruit de ses travaux ne sera pas perdu.

Le *Polaris* a dépassé depuis la veille le 82° parallèle. La côte est s'interrompt brusquement et se perd dans les brouillards qui se lèvent du côté où bientôt le soleil ne se lèvera plus.

Le ciel est plus pur et le jour plus clair du côté de l'ouest, où le soleil brillera encore pendant quelque temps. Vers le 83° parallèle de latitude boréale, un peu au-dessous, se trouve un cap élevé, noirâtre, dont l'ascension doit être terriblement difficile. Ce roc semble dominer toute la région. Jamais regard européen ne l'a encore admiré. Hall donne à la terre lointaine qu'il croit voir le nom de cap Union. Il est à cinquante lieues au delà du cap Constitution. Il est trente lieues plus loin que le cap Leiber, où Hayes avait été arrêté par le détroit de Lady-Franklin. Le pôle est moins loin du *Polaris* que Marseille ne l'est de Paris.

L'hélice frôle une glace; si on ne la démontait à la hâte, on la briserait comme verre. La perte serait irréparable, jamais le mécanicien du bord n'arriverait à la mettre en état.

Par un déplorable effet du hasard, le vent se met à souffler avec impétuosité du nord-est. Le *Polaris* n'a qu'à laisser porter. Il sera bientôt tiré du détroit. Le printemps prochain, on pourra trouver des chances meilleures. La prudence et les instructions du bureau de la marine exigent de ne rien laisser au hasard.

Quoique muni de pleins pouvoirs, Hall convoque un conseil. Il ne veut pas abuser de sa puissance; pour mieux se convaincre lui-même, il veut con-

vaincre ceux qui l'entourent. Il se jure à lui-même
de ne marcher en avant que s'il a pour lui l'unanimité

Hans et Joc guettant un phoque. (V. page 197.)

des officiers. Il s'exprime avec chaleur, avec éloquence;
mais, sauf Tyson, personne ne veut aller plus loin.

Hall n'a pas besoin d'user son combustible, le vent du nord l'a bientôt dégagé. En deux jours, la dérive le fait rétrograder de plus d'un degré.

Il se dédommage de ce contre-temps, triste dédommagement, hélas! en arborant le pavillon des États-Unis. Il prend possession, au nom du peuple de l'Union, de la masse de glaces et de rochers qui se trouve au nord du cap Constitution!

Mais il est permis de douter que jamais cette pacifique conquête puisse être utile à la patrie de Washington. Car, après avoir examiné attentivement la baie dont il vient de prononcer l'annexion, il ne tarde pas à reconnaître qu'il ne saurait y trouver la moindre ressource pour un hivernage Aussi donne-t-il à ce havre lugubre le nom de baie du Repoussoir, et conduit-il le *Polaris* une dizaine de milles plus au sud, à l'abri du cap Lupton. Ce promontoire élevé formera obstacle aux vents du nord, qui, à si petite distance du pôle, sont encore les plus froids.

Cette baie est relativement commode; des hauts-fonds, sur lesquels les grandes banquises échoueront fatalement, protégent le navire contre les montagnes de glace qui pourraient l'écraser. La roche, tapissée de mousses et de lichens, semble capitonnée d'un magnifique velours naturel. Avant de s'y installer, Hall se sent pris d'un élan de reconnaissance vis-à-vis de l'Auteur de la nature; il l'appelle la baie Dieu-Merci.

XIV

LA MORT DU CAPITAINE HALL.

L'hiver de 1871 commença à se faire sentir dès le 16 septembre. Cette précocité tenait aussi bien au caractère général de l'année qu'à la latitude avancée de la baie Thanksgod, car les mesures astronomiques montrent qu'elle se trouve par 81° 32′. Elle dépasse les points extrêmes où les Scoresby, les Hudson et les émules du capitaine Hall se sont élevés jusqu'à la dernière expédition anglaise.

Les Américains y découvrent, à leur grande surprise, qu'ils ne sont pas les premiers habitants de ces régions. Ils trouvent des hameçons faits avec des os de phoque, et quelques menus objets dont les indigènes font usage. Peut-être est-ce un de leurs campements d'été, car on voit aussi de larges cercles comme ceux que produisent leurs feux.

On érige un observatoire en bois, construction solide, destinée aux astronomes, mais qui cinq ans plus tard devait trouver un autre emploi. On l'a haubané très-solidement; mais le vent souffle avec une impétuosité si terrible, qu'il est presque entièrement déraciné.

Cette tempête est précédée par un grand halo qui vient se placer autour du soleil; ce qui, surtout dans les régions polaires, est un signe presque infaillible de mauvais temps.

Aussitôt que le navire est préparé pour l'hivernage, les hommes commencent à chasser. Le docteur Bessel et les Esquimaux partent en expédition. Ils reviennent avec un bœuf musqué du poids de trois cents kilos. C'est à tort que les naturalistes en supposent la race éteinte. Heureusement pour les voyageurs du pôle nord, il en existe encore dans ces hautes latitudes des troupeaux parfois assez nombreux. Leur viande est excellente. Elle n'a pas le défaut de celle de l'espèce du Labrador, si fortement imprégnée de musc qu'on peut à peine y goûter.

Le 11 octobre, le capitaine Hall part à son tour pour une expédition de traîneau avec les indigènes et les chiens.

Il parvient sans trop de difficulté à faire le tour de la baie Newmann, qui se trouve au nord du cap Lupton. Les rivages assez unis n'ont pas moins de quarante kilomètres de longueur. Au fond de la baie il découvre une charmante pas rivière qui sert de déversoir à un petit lac. Au nord, le terrain est coupé de montagnes presque inextricables, à travers lesquelles on ne peut avancer. En douze jours d'absence, Hall n'a parcouru qu'une cinquantaine de milles. Mais il prépare une expédition plus sérieuse. Celle-ci ne lui a servi qu'à étudier son personnel, ses traîneaux et ses chiens. Excepté dans le cœur de l'hiver où le froid est trop intense et où les nuits sont trop noires, il y aura toujours du monde en route.

La géographie de ces régions si longtemps mystérieuses va prochainement devenir lumineuse; l'expédition aura une solide base d'opération pour les voyages vers le pôle. Jamais le capitaine Hall n'a été plus aimable, plus bienveillant, plus radieux d'espérances.

L'excursion dans les glaces lui a rendu son ancienne ardeur. Sa jeunesse est revenue. Hélas! trois jours s'écoulent, il se sent la tête lourde; il fait une tasse de thé; son malaise redouble; il ne peut fermer l'œil de la nuit. Le délire s'empare de cette intelligence si lucide, si sympathique. Avant que personne ait eu le temps de s'alarmer, il se sent perdu.

Mais la conquête du pôle est sa grande affaire. La pensée de voir l'expédition avortée le trouble. « N'est-ce pas, mes enfants, quand je ne serai plus là pour vous guider, vous continuerez à marcher vers le pôle? » On ne peut lui arracher d'autres paroles.

Le 8 novembre, il rend son âme à Dieu. La douleur des Esquimaux est expansive, bruyante. Leurs lamentations produisent un effet lugubre; car ils aimaient sincèrement le capitaine Hall, qui les protégeait contre toutes les agressions. Nul, le capitaine vivant, n'aurait oser les rudoyer, les traiter avec injustice. Ils perdent en lui un père; ils appréhendaient d'autant plus l'avenir, que, dès le commencement de sa maladie, les Allemands ont commencé à reprendre leurs habitudes de brutalité.

C'est sur un traîneau que l'on place le cadavre de Hall, pour le porter au lieu où il doit, si les ours n'y mettent obstacle, reposer éternellement. Faute de cercueil, on l'enveloppe dans des peaux analogues à celles que les indigènes emploient pour un pareil objet, et cousues comme ils le font ordinairement.

Le lieu de la sépulture étant éloigné de plus d'un mille, Allemands, Américains, Esquimaux, officiers, matelots, tout le monde s'attelle tour à tour. Quelle lugubre procession dans une région si peu hospitalière! Quelles tristes préoccupations!

Le plus brave ne peut s'empêcher de défaillir en songeant au vide immense que, dans un pareil isolement, crée fatalement le décès du commandant.

Fût-il dix fois moins expérimenté que l'était Hall, sa mort peut toujours être considérée comme celle de l'expédition. Il n'y a pas, dans toutes les annales, déjà bien longues, des explorations polaires, un seul navire ayant réussi son hivernage quand il a été assez malheureux pour commencer par perdre son commandant.

Combien cette calamité ne doit-elle pas être plus

terrible quand le capitaine a toutes les qualités qui font les apôtres, les grands hommes, et quand le commandant qui lui succédera n'a rien qui le mette en réalité au-dessus des matelots!

Le jour était tellement sombre, qu'on ne peut creuser une fosse dans la neige. On se borna à ramasser des pierres sous lesquelles on étendit le cadavre du valeureux pionnier du pôle nord. Une modeste planche, taillée par le charpentier du bord, et sur laquelle on a écrit le nom de Hall, sa qualité et la date de sa mort, voilà le seul monument consacré à sa mémoire. Franklin, il est vrai, n'en a pas autant. Cependant Hall est-il réellement à plaindre? Cinq ans plus tard, des marins aussi héroïques que pieux viendront orner son tombeau.

Ce point lugubre sera le pivot d'une grande et belle exploration, découvrant ce que l'équipage du *Polaris* eût découvert si Hall avait vécu.

Ne pouvant conquérir lui-même le pôle nord, Hall est bien à son poste, puisque son cadavre sert de jalon.

Le retour fut encore plus lugubre que le convoi. Rien n'était plus terrible que cette procession silencieuse, morne, de fantômes enveloppés dans des fourrures, marchant à pas lents sur cette neige épaisse et tenant chacun à la main un falot.

Quand on fut revenu dans la cabane d'hivernage, le nouveau capitaine, Buddington, prit possession de son titre. Il adressa une proclamation aux hommes pour leur apprendre qu'il donnait le nom de terre de

Hall à la presqu'île où ils hivernaient. Elle est bornée au nord par le golfe Newman, et au sud par un fiord dont la longueur est encore inconnue.

C'était une heureuse pensée. Inauguré sous de tels auspices, on pouvait croire que le nouveau commandant prospérerait. Mais l'histoire, depuis Néron jusqu'à Mourad V, est remplie d'aventures qui empêchent d'avoir trop de confiance aux avénements.

XV

LA TEMPÊTE DU *POLARIS*.

Le 15 novembre, apparaît la première aurore : elle n'est pas très-brillante, mais elle coïncide avec un changement de temps. Le vent, qui venait assez régulièrement du nord-est, est remplacé par une tempête du sud, soufflant par rafales irrégulières. Quelquefois la vitesse s'élève jusqu'à soixante kilomètres à l'heure.

Le dimanche suivant, on annonce que le service divin ne se dira plus en commun. Au lieu de réunir en un seul faisceau les prières, chacun adressera à Dieu ses oraisons à sa guise. Dieu est assez puissant pour entendre tous ceux qui s'adressent à lui ; mais il y a dans la prière une force de consolation qui diminue quand chacun est isolé en face du Créateur. Elle est moins bonne pour le fidèle quand l'atome pensant reste seul en présence de l'Être infini.

A peine cette décision funeste, nécessaire pour sauvegarder les susceptibilités des Allemands, est-elle prise, que les accidents se multiplient d'une façon prodigieuse.

Le docteur Bessel va à l'observatoire ; on ne le voit

pas revenir. Heureusement, on s'aperçoit de son absence. M. Myers se décide à aller voir ce qui a pu lui arriver; mais la neige tombe d'une telle force, qu'il est obligé de battre en retraite. Les Esquimaux Joe et Hans se dévouent. Au bout d'une heure de travail, ils arrivent; il était temps. Le docteur de l'Université d'Heidelberg avait laissé éteindre son feu depuis huit heures; faute de charbon, il gelait sur place. Il n'avait pas osé se risquer au milieu de la tempête. Il attendait la mort.

La violence du vent est inouïe. Les anémomètres marquent quatre-vingt-dix kilomètres à l'heure. Un des matelots, qui allait examiner le marégraphe, est enlevé par une rafale; il est jeté avec violence sur la glace, et reçoit un tel choc qu'il faut le porter à l'hôpital.

Le *Polaris* a été entouré d'un mur de neige; mais le vent est si terrible, qu'il s'y fait une brèche immense. La glace craque dans toutes les directions; on dirait que le navire va être brisé dans le port.

A une aussi violente tempête, succède un temps calme et froid, un air pur.

Le *Polaris* a été construit de manière à servir de cabane d'hivernage.

Les chambres du navire sont plus commodes que les maisons de neige; mais, en cas d'accident, l'équipage se trouve sans abri. Les grands orages que l'équipage éprouve au commencement de l'hivernage font peur. Que deviendra-t-on si le navire est écrasé?

On se décide à établir à terre un dépôt de vivres. L'observatoire est agrandi, afin de pouvoir être employé comme retraite en cas de naufrage.

Le service en commun est rétabli, mais il n'est plus que facultatif. Ceux qui préfèrent la morale de M. Otto Buchner à celle du Christ peuvent, à leur gré, s'abstenir.

Un autre genre de danger se révèle; un banc de glaces se forme sous la quille. Le navire s'élève et perd son aplomb; il est plus élevé de deux mètres à l'avant qu'à l'arrière.

Le capitaine Hall avait tenu à ce que toutes les armes fussent renfermées dans l'arsenal. C'est la règle disciplinaire à bord des navires de guerre. Cette sage mesure est abolie; chacun reçoit un revolver et une carabine.

Quand on a tant besoin d'union intime, pourquoi céder ainsi à l'individualisme, au sentiment égoïste contre lequel il est toujours prudent de réagir, et qui se développe si furieusement dans des expéditions de cette nature?

Au commencement de janvier, on essaye d'employer la poudre pour dégager le navire. Les mines éclatent, mais elles ne produisent pas un résultat suffisant. On n'ose augmenter la dose, de peur d'ébranler le vaisseau et de lui faire subir un choc plus dangereux que la pression.

Le soleil s'est caché depuis le 14 octobre jusqu'au 28 janvier; on est resté, en tout, cent trente-quatre jours sans le voir. C'est le plus long hivernage dont l'histoire des régions polaires fasse mention. Mais le retour du soleil est loin de ramener la chaleur. Le mois de mars commence avec 37° centigrades au-dessous de zéro. Curieuse analogie, il en est de l'aurore de l'année comme de celle de la journée, elle est toujours accompagnée par un notable refroidissement de l'atmosphère.

Les explorations en canot étaient une partie importante du plan du capitaine Hall; mais l'équipage, démoralisé par la mort de son commandant, se borna à faire le tour de la baie Newman, au nord, et à essayer de gagner le cap Constitution, au sud. Il n'y put parvenir, à cause de la profondeur du grand golfe qui sépare la terre Hall de la terre Washington.

Le courant du détroit de Robeson est toujours très-violent; il charrie constamment des glaces énormes, à moins qu'il ne soit rempli par une immense banquise. Ce courant vient évidemment du pôle, mais on y trouve, de temps en temps, des objets qui témoignent d'une végétation étrangère à ces régions désolées; ce n'est point au pôle que peuvent pousser des arbres susceptibles de fournir des branches encore fraîches et couvertes d'écorce.

Mais la merveille que la poudre n'avait pu accomplir, les rayons du soleil ne tardent pas à la montrer. La montagne de glace se brise, bientôt le *Polaris* rentre en possession de l'Océan.

Buddington se décide à mettre le cap vers le

nord. Il ne pouvait se replier vers l'Amérique sans
avoir essayé quelque chose; c'eût été désobéir formel-
lement aux instructions du gouvernement, qui pres-

Joe faisant sentinelle auprès d'un trou de phoque.
(V. page 197.)

crivait de ne rien négliger pour atteindre le pôle;
mais combien l'esprit de Hall est loin d'animer son
successeur! Il n'atteint même pas le 82e parallèle,
c'est-à-dire Repulse-Harbour, ce port désolé où Hall

avait eu un instant l'intention d'hiverner en revenant de sa pointe vers le cap Union.

On ne gagna à cette expédition qu'une connaissance plus approfondie d'un climat boréal au delà des limites où l'on était parvenu jusqu'à ce jour. Les êtres humains peuvent y vivre et même y naître, car, au milieu de l'hiver, la femme de Joe a accouché d'un enfant mâle auquel on donne le nom de Charles Polaris; la mère et l'enfant se portent aussi bien qu'on peut le désirer. Mais la théorie de la mer libre est bien malade; elle a reçu un coup dont elle ne se relèvera jamais. La flore et la faune n'offrent aucune différence sensible avec celles des régions plus au sud. Aucun signe d'un réchauffement de climat, de voisinage d'une mer libre.

La démonstration, que l'expédition du capitaine Nares va compléter d'une manière éclatante dans trois ans, est donnée d'une façon suffisamment claire pour qu'aucun homme sérieux, excepté en Allemagne, ne tienne encore à la dangereuse chimère d'une oasis autour du pôle.

XVI

LA RENCONTRE DE LA *TIGRESSE*.

Le 30 août 1873, le baleinier à vapeur *la Tigresse* se trouvait au large du Labrador, par un temps couvert et brumeux, lorsqu'il aperçoit au large un canot monté par un indigène. Jamais les Groënlandais, quoique intrépides marins, ne se hasardent en plein Océan.

Aussi, le capitaine, comprenant qu'il s'agit de quelque événement extraordinaire, ordonne au mécanicien d'arrêter l'hélice.

Bientôt le canot accoste, l'inconnu prend une amarre qu'on lui tend. A peine est-il sur le pont, qu'il s'évanouit de fatigue et d'émotion.

Il revient à lui, mais il ne peut que baragouiner quelques mots presque inintelligibles : « Steamer américain », dit-il, et il montre une glace, flottant presque à l'horizon.

Bientôt, on distingue, en effet, sur cette banquise que rien ne différenciait d'un *ice-berg* ordinaire, des points noirs qui s'agitent. Un ours polaire les prendrait pour des phoques, et telle a été, en effet, la première impression des marins de la *Tigresse;* mais on voit des peaux qui s'agitent en l'air au bout d'un bâton. Ce sont des naufragés dont l'homme du kyak ne peut raconter l'histoire.

Bientôt on est à distance de lancer un canot à la mer, et l'on ramène, les unes après les autres, dix-huit personnes, dont deux femmes et cinq enfants; un d'eux est encore à la mamelle.

Inutile de chercher à exprimer la surprise des matelots et des officiers du baleinier.

Elle n'est pas diminuée quand le commandant de cette bande, le lieutenant Tyson, raconte ce qui est arrivé à ces infortunés. Serré par les glaces, le *Polaris* faisait eau de toutes parts. C'était le 15 octobre, par le 81ᵉ degré de latitude, un peu au-dessous de l'île Litleton. La grande nuit de l'hiver commençait, et les feux du crépuscule illuminaient seuls le bâtiment. Craignant que le navire ne soit écrasé par les glaces, le capitaine Buddington ordonne de jeter toutes les provisions sur la glace; une partie de l'équipage s'y place pour les mettre en ordre. Mais à peine le sauvetage est-il commencé, qu'un ouragan du nord s'élève. La glace se brise avec un horrible fracas, et le *Polaris* est entraîné vers le détroit de Robeson, avec tous les marins qui le montent.

Les glaces, poussées par un courant sous-marin, descendent vers le midi.

Le lieutenant Tyson, qui était resté sur la glace, parvient à réunir les naufragés. Après des peines inouïes, il réussit à recueillir les provisions, à rassurer les hommes et à construire des huttes de neige dans lesquelles tout ce monde s'entasse.

Depuis le mois d'octobre jusqu'au mois d'avril, dura cette navigation étrange sur un radeau de glaces qui descendait du pôle à la grâce de Dieu.

Tyson eut trois ennemis à vaincre, trois ennemis également redoutables : le froid, la famine, et l'égoïsme indiscipliné des matelots allemands.

Ces malheureux, qui avaient privé le capitaine Hall de la gloire d'aborder le grand Océan polaire, n'avaient pas profité de la terrible leçon que la fortune leur avait donnée. Ils apportaient sur le glaçon tous les défauts du *Polaris*.

Tyson fut soutenu, quelle honte pour les Germains ! par le dévouement sans bornes des Esquimaux que, inhabiles et barbares, les Allemands voulaient assassiner. Ils trouvaient plus commode d'égorger ceux qui devaient être leurs sauveurs, que d'aller à la chasse des phoques ou des ours blancs !

Les dix-huit naufragés du *Polaris,* y compris les femmes, les enfants et les Allemands, furent nourris par deux intrépides chasseurs, Joe et surtout Hans, dont la géographie universelle porte en ce moment le deuil. (Voyez fig. pages 181 et 193.)

Après les complots des Allemands, ce fut une grande tempête qui fit courir les plus terribles dangers à cette poignée de naufragés. Le glaçon qui leur servait d'asile, et qui se fondait à mesure qu'ils approchaient de régions moins terribles, fut mis en pièces par un ouragan pareil à celui dans lequel le *Polaris* avait disparu.

Le récit de cette crise, fait d'une voix naïve et émue, arracha des larmes aux baleiniers de la *Tigresse,* quelque habitués qu'ils fussent à de pareils événements.

XVII

LA CAMPAGNE DU CAPITAINE MARKHAM.

Au commencement de ce siècle, le gouvernement britannique payait encore une prime de quarante-cinq francs par tonneau à chaque navire employé à la pêche de la baleine.

C'était l'âge d'or des baleiniers, le règne des deux Scoresby. Chaque printemps, une centaine de puissants bâtiments quittaient les différents ports d'Angleterre. Hull, Witby et Londres prenaient une part active à ces armements. Les navires écossais rivalisaient avec leurs voisins du sud. Édimbourg, Glascow, Aberdeen, Inverness, étaient brillamment représentés dans la flotte de la pêche de la mer de Baffin.

Alors, une cinquantaine de tonnes d'huile suffisaient pour supporter les frais de la campagne. Une centaine de tonnes étaient considérées comme une cargaison magnifique.

Les progrès de l'industrie ont augmenté l'importance de l'huile de baleine. Le prix de la denrée a progressé. Cependant la pêche aurait cessé sans l'intervention d'une puissance devant laquelle les rois et les empereurs s'inclinent, nous voulons parler de la vapeur.

Quoique les steamers coûtent plus cher que les navires à voiles, que le charbon ait un prix que jamais les voiles n'ont atteint, les baleiniers ont continué à poursuivre beaucoup plus loin une proie devenant de plus en plus rare.

Mais en se compliquant, l'industrie de la grande pêche s'est concentrée. Le nombre des navires a diminué, et les armements ne se sont plus faits que dans deux ports, on pourrait presque dire dans un seul.

Sauf quelques vapeurs qui sortent de Peterhead, toute la flotte est équipée à Dundee.

Malgré ce monopole, Dundee n'a armé en 1873 que dix baleiniers, cubant de trois cents à cinq cents tonneaux.

Ce sont généralement des navires taillés pour la marche rapide, et qui ne sont destinés à la baleine qu'après avoir exécuté avec succès quelques voyages au long cours, avec des chargements de marchandises précieuses.

Leurs machines ont une force qui varie de quarante à soixante chevaux, et leur équipage est fort nombreux. Chacun d'eux a environ cinquante hommes à bord.

Comme du temps des Scoresby, la chasse à la baleine peut être considérée comme la haute école de la navigation et surtout des explorations arctiques.

Un vaillant officier de la marine royale d'Angleterre rougit de voir que la plus grande nation maritime du globe se désintéressait de la solution du magnifique problème dont nous avons essayé de faire comprendre l'importance.

Pendant que le gouvernement de M. Gladstone hésitait, le capitaine Markham demanda un congé, et il vint à Dundee en 1873 pour faire campagne à bord d'un baleinier du port.

Mais les baleiniers n'acceptent jamais de passagers. Il règne à ce sujet une règle inflexible, basée sur une logique inexorable.

Quiconque embarque doit être utile à la communauté, à cette république flottante dont le chef est le capitaine, revêtu d'une autorité absolue dans l'intérêt de tous.

Le prince Alfred lui-même ne saurait se soustraire à cette nécessité, s'il lui prenait fantaisie d'aller jouer du harpon dans la mer de Baffin ou dans le grand archipel arctique.

Le capitaine Markham s'enrôla donc sous le commandement du capitaine William Adam, à bord du steamer *l'Arctic*. Ce navire avait été construit exprès pour la pêche par M. Stephen, un des premiers armateurs de Dundee.

Quelle différence avec les membres de l'amirauté qui, il y a un demi-siècle, avaient refusé de donner un commandement au grand Scoresby, ce Napoléon des mers arctiques, sous prétexte qu'il n'appartenait pas à la marine de S. M. le Roi d'Angleterre !

La distribution des parts de prise est réglée d'après une tradition qui ne varie jamais, et qui représente la moyenne des services rendus par chaque partie prenante à la communauté.

La part du capitaine Markham fut, comme on va le voir, bien au-dessous de celle du dernier mousse, mais elle le mettait aussi bien que le premier lieutenant, sous la direction absolue du commandement du bord.

Le capitaine de l'*Arctic* recevait par mois une paye de 200 francs. Les matelots ordinaires avaient un gage de 37 fr. 50. Les simples mousses touchaient 25 francs. Le capitaine Markham émargeait sur le livre du bord à raison de 10 centimes. Par chaque tonne d'huile ramenée à Dundee, la prime du capitaine de l'*Arctic* s'élevait à 30 francs ; celle du moindre matelot à 1 fr. 55 ; celle du dernier mousse à 1 fr. 25. L'officier de Sa Majesté avait par contrat 10 centimes. Le même parchemin lui assurait 2 centimes et demi par tonne de baleine, tandis que le commandant de l'*Arctic* avait 135 francs.

Mais pour bien comprendre la force de cette convention, il ne faut pas oublier qu'elle est signée dans un pays où l'engagement des recrues ne se prend pas devant M. le maire. On appartient à l'armée de la Reine, parce qu'un racoleur, pendant qu'il vous régalait d'un verre de bière au coin d'un cabaret de Westminster, vous a glissé dans la main un schelling frappé à l'effigie de la *régnante Majesté*.

Artiste et savant, le capitaine Markham a publié un charmant volume dans lequel il raconte les détails de sa vie de baleinier.

Sa nouvelle carrière, dont il supporta les misères et les privations avec la résignation d'un vieux loup de mer, commença le 30 avril 1873.

L'*Arctic* n'était pas un monastère flottant comme les baleiniers commandés par le puritain Scoresby, mais la discipline était suffisante. On laissa le temps de cuver leur gin aux quelques ivrognes qu'on avait été obligé de charrier dans des brouettes à bord. Mais la tenue de tous les marins fut décente à partir du moment où l'on passa la grande revue d'appel en pleine mer. On ne vit pas une seule fois, pendant tout le restant de la campagne, ces scènes affreuses qui faisaient des baleiniers les tapis francs de l'Océan.

Même dans des latitudes assez basses, les marins commencèrent à vivre aux dépens de l'élément qui était chargé de les enrichir. A peine avait-on quitté les rives d'Écosse que la drague amena des *Rhodomenia palmata* et des *Iridæa edulis*, algues aux spores rouges, dont les marins sont très-friands. Ces jolies plantes leur servent en quelque sorte à la fois de salade et de dessert.

On trouve toujours sur le pont un baquet rempli d'eau de mer, dans laquelle flotte cette herbe appétissante, que les amateurs grignotent en faisant leur quart.

Au point de vue de leur alimentation, les marins

ont beaucoup plus d'indépendance et d'initiative qu'à bord d'un navire ordinaire. Si l'on excepte la viande qui doit durer deux ou trois mois, les vivres sont remis à chacun aussitôt qu'on est en plein Océan, et que, sans avoir à surveiller les côtes, on peut s'occuper de ses affaires intérieures.

Le feu de la cuisine brûle nuit et jour, et chacun gargote à son aise à toute heure, sans avoir le moindre compte à rendre. Quand on réveille la bordée pour un quart, on le fait toujours une demi-heure d'avance, afin de donner à chacun le temps de fortifier l'homme intérieur.

Toutes ces pratiques sont traditionnelles. Elles sont basées sur la raison, la logique, les nécessités de la profession.

Autant la digestion est lente, pénible dans les plaines voluptueuses de l'Inde, où le palais est à peine sollicité par le piment le plus emporté, autant elle est rapide, précipitée, torrentielle dans les mers polaires. Les baleiniers acquièrent fatalement une partie de la voracité de l'Esquimau.

Le matelot baleinier ne monte pas seulement sur le pont pour participer à la manœuvre des voiles. On ne se bornera pas à lui demander de crier au cabestan, de courir sur le bout des vergues.

A peine a-t-il commencé son quart, qu'il est obligé de se précipiter dans une embarcation.

Encore tout endormi, il faut qu'il se réveille pour suivre à la piste un cétacé qui jettera sur l'Océan

Mine de cryolithe en exploitation.

glacé des bouillons sanglants pendant dix, quinze ou vingt heures, et qui, s'il n'était retenu par une amarre, filerait, en zigzaguant ses vingt ou vingt-cinq nœuds, un train non de steamer, mais de locomotive.

Il y a dans le baleinier du chasseur au moins autant que du marin. Les énergies de tous doivent être dirigées sur la proie, sur le but unique. Les embarcations suivent le *poisson géant* comme les chiens se précipitent sur un sanglier. Le cétacé traîne derrière lui une meute aussi acharnée que si la curée devait avoir lieu dans la cour d'un manoir. Il n'y a pas un mouvement heureux qui ne soit récompensé par une prime.

On ne se contente pas de féliciter celui qui lance le harpon vainqueur dans le flanc du monstre. Il a droit à une part particulière.

L'amour de la patrie, l'amour de Dieu, l'amour de la justice créent des héros. Heureusement l'âme humaine est accessible aux inspirations d'en haut. Elle n'est pas pétrie dans le grossier limon de l'égoïsme. Mais, ces élans vers l'héroïsme, vers la vertu ne suffisent pas pour organiser la production industrielle, pour assurer la satisfaction des besoins matériels de l'humanité.

L'élan n'est constant, universel à bord des baleiniers, que parce que chacun sait qu'il sera récompensé en espèces sonnantes de chacun de ses actes méritoires.

C'est parce qu'ils sont parvenus à organiser le travail à la tâche que les armateurs des baleiniers triomphent de toutes les difficultés.

C'est ce qui fait que la pêche de la baleine ou du phoque est une si admirable école pour la rude navigation des mers polaires. Aussi le pôle sera-t-il forcément découvert un jour ou l'autre. Les gouvernements donneraient leur démission et se retireraient de la croisade, que la croisade continuerait cependant.

Car à mesure que les baleines se retirent, leurs ennemis les suivent de plus en plus loin. Les champs de pêche de la fin du dix-neuvième siècle sont plus reculés que ceux des premières années de ce siècle.

Ceux qui sont fréquentés maintenant seront désertés dans quelques années, pour d'autres encore plus voisins du pôle.

Comme nous l'avons indiqué déjà au commencement de ce chapitre, la vapeur, cette puissance à laquelle rien n'est impossible, a intervenu. La baleine a beau fuir, elle n'a que des muscles en chair, et non, comme le steamer, des muscles en acier.

L'acide carbonique se forme dans ses poumons aux dépens des matières en suspension dans son sang noir, et non dans un foyer qui dévore du charbon.

La mode vient quelquefois à l'aide des baleiniers. Le règne de la crinoline a augmenté le prix des fanons, et, quoique la fureur en soit passée, la mode n'a pas disparu.

Aujourd'hui la conquète du pôle peut être lente, mais elle est sûre, même si les doctrines de M. Gladstone devaient, par malheur, prévaloir chez les autres nations maritimes comme elles ont failli le faire en Angleterre.

Les baleiniers augmenteraient progressivement la longueur de leurs périlleuses et dramatiques excursions. A moins qu'une banquise absolument infranchissable ne se dresse devant eux, ils finiront par arriver au point mystérieux vers lequel tant d'intrépides marins ont dirigé leurs efforts. Bien des mystères dont les géographes se préoccupent dans les mers boréales seraient même pénétrés depuis longtemps si les baleiniers maniaient la plume comme l'aviron, et s'ils se préoccupaient du soin de faire connaître les découvertes qui leur ont coûté tant d'efforts.

Mais ils n'en tiennent pas registre. Combien ils sont rares, les Scoresby, pour qui la baleine n'est qu'un moyen, et non un but final! De l'huile, de l'huile et encore de l'huile, la masse des marins qui font la course aux cétacés ne voit pas au delà.

Que d'erreurs les illustres savants qui siégent à Gotha ne se seraient-ils pas épargnées, s'ils avaient pris la peine d'interroger les marins qui arrivent d'une croisière un peu longue, et cela avant qu'ils aient eu le temps d'oublier leurs impressions! Le plus jeune d'entre eux en sait plus long peut-être que le chef de l'Institut géographique.

La vie des navires consacrés à ces dangereuses expéditions n'est pas plus à l'abri que celle des hommes qui les montent. Les dix steamers de la flotte de Dundee n'avaient fait à eux seuls en 1873 que cent trois voyages. Chacun en avait donc à peine fourni une dizaine. Depuis, deux de ces vaillants bâtiments, l'*Arctic,* à bord duquel se trouvait le capitaine Markham, et le *Tay,* ne pourront plus poursuivre la baleine. Tous deux ont péri l'année suivante, le premier dans le canal du Prince-Régent, et le second dans la baie de Melville. Ce dernier, le doyen du port de Dundee, était armé pour la pêche depuis 1857, et il en était à son quinzième voyage.

Nous aurons sans doute, une autre fois, l'occasion de montrer que, dans certaines années calamiteuses, les désastres dépassent tout ce que l'on peut imaginer.

Quelque intéressants que soient les détails de l'existence de baleinier, de ce sport nouveau auquel le capitaine Markham se livra avec emportement, nous ne pouvons le suivre depuis Disco jusqu'à Port-Léopold, dont nous avons déjà dû parler à propos de l'hivernage que sir James Ross y soutint en 1848-1849.

C'est là qu'il fit construire une maison et un dépôt de vivres dont les équipages de l'*Erebe* et de la *Terror* ne devaient, hélas! jamais se servir. C'est là que Mac Clure, le futur inventeur du passage du nord-ouest, et Mac Clintock, le futur découvreur des restes de Franklin, devaient faire leurs armes arctiques sous le plus illustre des navigateurs polaires. C'est là que le lieutenant Bellot et le docteur Kennedy avaient passé ensemble, l'un destiné à une mort prématurée, mais glorieuse; l'autre à la veille de s'immortaliser par une admirable pointe dans les hautes régions impénétrées.

Le capitaine Markham, oubliant alors qu'il était un baleinier d'aventure, chercha les reliques de ces grands marins près de Whaler-Point. Plus heureux que s'il avait lancé son harpon sur une baleine de dix tonnes, il découvrit un cylindre en étain, couvert de rouille et abandonné sur le rivage.

Il l'ouvrit; on y lisait encore, quoique avec difficulté, les lignes suivantes :

« Les personnes qui trouveront ici les provisions laissées par les navires de Sa Majesté *l'Entreprise* et *l'Investigateur* sont priées de ne pas les changer de place, et de n'en prendre que la quantité stricte-ment nécessaire pour leurs besoins les plus urgents. » Peut-on imaginer un appel plus touchant, plus émou-vant à la bonne foi publique?

Dans un autre rouleau d'étain, analogue à celui dont les soldats se servent pour contenir leur congé, on avait écrit :

SOUVENIR DE 1849

Le 19 août 1858

F. L. MAC CLINTOCK, DU *FOX*.

Sur un papier encore lisible :

« Après avoir pris à notre bord quelques citrons, un peu de charbon et du savon, nous allons continuer notre voyage. Je laisse ici une baleinière pour le cas où nous serions obligés de battre en retraite après avoir perdu mon navire. Mais comme mon grand canot est en mauvais état, je ne peux en laisser un à Fury-Beach, comme j'en avais formé le dessein. Les provisions en tonnes et celles qui sont renfermées dans des vases d'étain sont très-bien conservées. »

Les biscuits étaient encore aussi bons le 4 juillet 1873 qu'en juillet 1849 ; le tabac et le chocolat aussi frais que lorsqu'ils sortaient des cales de l'*Entreprise* et de l'*Investigateur*.

Le temps, qui depuis un quart de siècle a changé irrémédiablement tant de choses, semblait ne pas avoir coulé pour ces vivres.

Il y avait aussi l'accompagnement obligé de tous les campements arctiques, les tombes. L'une appartenait à M. Mathias, aide-chirurgien de l'*Entreprise*, mort de phthisie, le 15 juin 1849, à l'âge de vingt-sept ans. Jeune homme plein d'ardeur et de savoir, il n'ignorait pas ce que serait son sort. En quittant l'Angleterre, il savait qu'il ne serait jamais appelé à la revoir. Mais il n'avait pas voulu quitter cette terre, où il devait faire un si court séjour, sans avoir éprouvé quelques émotions grandioses.

Puis trois tombes de matelots de l'*Entreprise* et deux tombes de l'*Investigateur*. La dernière renferme les restes du charpentier Thomas Coombs. Elle porte une inscription gravée comme les autres sur une plaque de cuivre. Cette plaque est attachée sur une planche de deux pouces d'épaisseur et de la forme ordinairement adoptée pour les pierres placées verticalement dans nos cimetières.

Quoique le bois soit blanchi par l'action du temps, il est dans un parfait état de conservation.

On y lit les lignes suivantes, qui, ridicules dans une autre situation, peuvent être considérées comme un modèle de naïveté touchante :

« Près de ce lieu reposent les restes de Thomas Coombs, de son vivant charpentier du navire de Sa Majesté *l'Investigateur*. Il a succombé après une maladie de trois mois, supportée avec un courage véritablement digne d'un chrétien. Si quelque chrétien passe près de ce monument, je le prie de laisser en paix ce corps. Il obligera son *copin* et son camarade Charles Harriss. »

La solennité de ce paysage donnait un air de grandeur et de majesté aux paroles de Charles Harriss.

Whaler-Point est au pied d'une colline abrupte de deux cents mètres de hauteur que gravit sir John Ross en 1832. L'intrépide marin y laissa un rouleau de métal renfermant des vers composés en présence de cette nature sauvage.

Aussi loin que mon œil peut sonder l'horizon,
Il n'aperçoit, hélas! qu'un immense glaçon
Bordant un sol neigeux. Hormis dans cette hutte
Où dorment nos marins épuisés par la lutte
Contre un froid éternel, tout respire la mort.
Rien ne descend du ciel pour rafraîchir ce bord
Sec et gelé; ce roc n'a pas un seul brin d'herbe,
Pas un maigre buisson! On dirait que le Verbe

Du Tout-Puissant maudit ce lieu stérilisé,
Qui, jusqu'au jour dernier, fut immobilisé!
Car la vague écumante, au lieu de s'élancer,
De rouler ces galets, tantôt de s'avancer,
Tantôt de reculer, de couvrir ce rivage
De ses bouillons fumants, d'obéir à l'orage,
Est là sans mouvement!. . . . . . .

Pour chasser ces pensées écrasantes, le capitaine Markham eut bientôt l'émotion de la capture d'une baleine. A peine était-il à bord que la vigie annonce *a fall! a fall!* Le harpon a mordu dans la chair du monstre, perçant son épaisse cuirasse de graisse.

Aussitôt on lance à la mer une chaloupe... Le capitaine Markham s'y précipite.

Jamais poursuite ne fut si chaude... Jamais baleine ne fit trembler si souvent de vaillants matelots sur le sort du harpon et de la ligne.

Mais au moment où, après avoir longuement remorqué leur capture, les deux chaloupes rejoignent le bord, avant qu'on ait commencé l'opération du dépeçage, la vigie annonce une voile.

Un baleinier, le *Ravenscraig,* de Dundee, tire des bordées au large du cap Crawfurd.

Au lieu d'échanger quelques signaux de politesse et quelques nouvelles générales de mer, le *Ravenscraig* prolonge la conversation. Le navire est-il en détresse? Manque-t-il de vivres? Un grand nombre de matelots sont-ils morts du scorbut? Les embarcations ont-elles été enlevées par la lame? Non! Il a besoin de parler à l'*Arctic* et de lui emprunter des vivres, parce qu'il a des passagers à bord. Il a ramassé une partie de l'équipage du *Polaris*. Il ramène le capitaine Buddington et ses compagnons, ceux que le lieutenant Tyson a accusés d'avoir assassiné le capitaine Hall, et d'avoir fait manquer l'expédition si admirablement conçue par l'intrépide navigateur.

Trois jours plus tôt, sur les bords de Whaler-Point, avec les souvenirs de tant de grands navigateurs, il se trouve face à face avec des hommes revenant du pôle; quelle émotion pour un futur imitateur de Franklin!

Que de fois, pendant qu'il fut enfermé dans les glaces du détroit de Smith, avec son collègue le capitaine Nares, Markham a-t-il dû songer avec une émotion poignante à cette entrevue solennelle!

La tempête qui avait rendu la liberté au *Polaris*, et entraîné vers le midi le radeau de glace sur lequel se trouvaient le lieutenant Tyson et les passagers, avait poussé le steamer dans la région du nord-est.

Le courant et le vent, agissant en sens inverse avec une incroyable énergie, ont, comme nous l'avons raconté plus haut, brisé l'équipage en deux fragments, qui semblaient condamnés à périr, par cela même qu'ils étaient séparés.

Les hommes du glaçon étaient dépourvus de moyens d'action, et les moyens d'action accumulés à bord du *Polaris* ne pouvaient être mis en mouvement faute de bras.

Il y avait à bord une excellente machine à vapeur,

mais les tubes étaient gelés, et la chaudière pleine de glace.

Les pompes elles-mêmes étaient remplies d'eau solidifiée. La cale était envahie, le bâtiment descendait visiblement, et toutes les embarcations avaient été enlevées avec la banquise.

Heureusement une brise du nord permet de laisser porter le navire près de la côte, dans une anse qui s'ouvrait à l'ouest et dont l'entrée est assez large.

Aussitôt que le *Polaris* est à portée de terre, on le laisse couler bas.

Des matelots parviennent à débarquer à l'aide d'un glaçon transformé en chaloupe, et l'attachent solidement au rivage avec des grelins. C'est la seule précaution que les naufragés prennent pour le conserver.

Le hasard a merveilleusement servi les malheureux. Lorsque la marée est basse, le navire reste à sec, et lorsqu'elle est haute, il n'est pas complétement submergé; on peut donc s'assurer que, par suite de la pression des glaces, il a subi de fortes avaries, un peu au-dessous de la ligne de flottaison. Si le capitaine Hall avait vécu, que n'eût-on pas fait pour relever l'épave! Mais les hommes de cet équipage mal uni n'ont ni force, ni initiative. A peine s'ils ont la pensée d'utiliser la carcasse du pauvre bâtiment. Ils n'y voient qu'un chantier de bois de construction.

Le théâtre de cette tragédie maritime était un havre situé sur la rive orientale du détroit de Smith, dans la partie la plus étroite et la plus dangereuse.

Le voyage de l'*Arctic* ayant été remarquablement fructueux, le capitaine Markham décida le capitaine Adam à prendre à son bord les onze marins qui restaient sur le *Ravenscraig*. Trois d'entre eux, les plus pressés de revoir les États-Unis, avaient déjà pris passage à bord de l'*Intrépide,* autre baleinier appartenant à la flotte de Dundee.

Pendant tout le reste de l'expédition, le capitaine Markham eut donc le loisir d'interroger tous ces acteurs confus d'un drame qui avait été inutile depuis la mort du vaillant Hall.

Une fois débarqués sur ce sol inhospitalier où les hasards de la mer les jetaient, les naufragés travaillent avec ardeur à se créer une habitation pour l'hiver. Il faut employer avec une fébrile activité les derniers jours de l'année. Les vergues et les voiles servent à construire le toit de la cabane, qu'ils font sans peine large et commode. Elle n'a pas moins de quatorze pieds de longueur sur vingt-deux de largeur.

Afin d'arrêter les vents terribles qui soufflent du pôle, les naufragés l'avaient entourée d'une banquette en neige.

Ils n'avaient pas commis la faute de multiplier les compartiments comme dans les cabines de navire. Au centre se trouve le poêle du *Polaris,* qui donne dans toutes les directions une douce chaleur.

Les cadres du *Polaris* ayant été transportés à terre, les naufragés les établirent autour de la chambre. Chacun avait donc son lit confortablement garni de

M. Wilde, l'artiste du *Graphic*, dans le détroit de Bellot. (V. page 242.)

peaux d'ours. Les vivres ne manquaient point, les lampes du *Polaris* et une table permettaient de donner à cette habitation une sorte de comfort.

On ne croirait jamais que ces régions désolées, où l'on est étonné que l'homme puisse vivre, soient le théâtre de rencontres imprévues. Mais de même que l'aimant attire le fer, l'homme recherche l'homme. Comme la neige garde fidèlement la trace des pas, il ne lui est pas difficile de découvrir son semblable. Surtout dans les régions boréales, le proverbe *Homo homini lupus* est un mensonge.

Au moment où les naufragés étaient tout entiers à leurs grands travaux d'installation, ils voient arriver des traineaux du nord. C'est une tribu d'Esquimaux, habitant les environs d'Étah, qui employaient la fin de l'été à chasser et pêcher sur les bords de la mer. Ces braves gens ont conservé leurs habitudes païennes, mais le contact des Européens n'a pas effacé leur cordialité et leur bonté natives. Ils se rendent utiles aux naufragés en coupant la glace d'eau fraîche, en construisant des murs de neige. Le capitaine Buddington ne sait comment leur prouver sa reconnaissance. Après avoir épuisé les couteaux, les verroteries, il leur abandonne le *Polaris*. C'est la première fois qu'un pareil présent est fait, et qu'un navire même échoué se voit transformé en cadeau offert à une horde de sauvages.

Désireux de prouver magnifiquement leur reconnaissance, ces braves indigènes retournent dans leur cantonnement d'Étah. Ils vont chercher leurs femmes et les installent dans le voisinage de leurs amis américains. Une colonie d'Esquimaux s'élève à côté du campement civilisé ; pendant tout l'hiver, les étrangers auront des ménagères zélées et diligentes, qui répareront leurs vêtements ; les hommes iront à la chasse avec les armes des Yankees et procureront de la viande fraîche.

Jamais hivernage ne se passa dans des conditions matérielles aussi heureuses. Le docteur Bryan, astronome des États-Unis, et le docteur Bessel, ancien élève de l'Université d'Heidelberg, eurent tout le loisir pour faire des observations qu'ils montrèrent au capitaine Markham.

Au lieu de recueillir et d'examiner soigneusement les morceaux de bois qu'amenait le courant du détroit de Smith, ils les utilisaient comme combustible. Il paraît que le long de la terre de Grinell, on ramasse un grand nombre d'objets semblables. Au moins, un de leurs Esquimaux l'a affirmé.

Le cap Frazer, circonstance hydrographique bizarre, semble le point de rencontre de deux eaux marchant en sens inverse. En effet, au nord de ce promontoire, le flot pousse vers le sud, tandis qu'au sud, il pousse dans un sens opposé ; mais des deux côtés, comme dans tout le canal qui joint la mer Polaire à la mer de Baffin, la marée est très-faible.

Ceci indique que dans tous les sens le mouvement de l'eau est gêné soit par des terres, soit par des hauts-fonds, sur lesquels des banquises sont échouées.

Au printemps de 1873, les naufragés songèrent à revenir en Amérique. Alors le charpentier leur construisit, avec les bois du *Polaris*, trois canots, deux pour eux et un pour leurs amis d'Étah.

Au commencement de juin, ils quittèrent ce campement hospitalier après avoir enterré et caché sous des pierres quelques objets de valeur, qui ne pouvaient trouver place à bord de leurs frêles chaloupes.

Chacun des bateaux, chargé de vivres et de provisions, portait sept personnes. Les deux équipages, naviguant de conserve, avaient touché à Étah, alors déserté, aux îles Hakluyt et à l'île Northumberland, où ils avaient été obligés de séjourner pendant quelques jours. Enfin, au large du cap York, ils avaient rencontré le *Ravenscraig*. Le capitaine leur avait donné l'hospitalité à son bord, en attendant que l'*Arctic* vînt le débarrasser.

XVIII

PRÉPARATIFS ET DÉPART DE L'EXPÉDITION
DU CAPITAINE NARES.

En 1872, nous avons déjà raconté que le Conseil de la Société géographique de Londres nomma un Comité composé de l'amiral Bechey, de l'amiral Collinson, de l'amiral Ommaney, de l'amiral Mac Clintock, de l'amiral Richard, de l'amiral Sherard Osborn, de M. Fundlay et de M. Markham, pour étudier l'organisation d'une expédition arctique. Les Sociétés géologique, linnéenne, météorologique et anthropologique ayant accepté les conclusions formelles de cette importante réunion d'hommes d'une compétence exceptionnelle, une entrevue fut demandée à M. Lowe, alors chancelier de l'Échiquier, pour exposer au gouvernement la nécessité d'une nouvelle tentative.

La conférence fut longue et minutieuse. Quelques jours après, le ministre des finances d'un pays aussi riche que l'Angleterre osait répondre à la Société géographique qu'il faudrait trop d'argent pour procéder à une expédition de ce genre. Le gouvernement de Sa Majesté avait besoin de faire des économies aussi longtemps que durerait l'expédition du *Challenger*. Tant que le *Challenger* était à la mer, le trésor de la Grande-Bretagne n'était pas assez riche pour payer à la fois deux expéditions scientifiques.

Le ministre qui avait écrit cette lettre ne tarda pas à être écrasé par des arguments terribles.

Même en y comprenant la dotation de l'expédition du *Challenger*, l'amirauté britannique ne dépense que deux millions pour les services scientifiques destinés au perfectionnement des méthodes navales. C'est comme si l'on prélevait vingt-cinq centimes de droit par chaque tonneau de la marine britannique! Ces deux millions sont la soixante-dixième partie du budget spécial de la marine, et la millième partie d'un budget qui se solde chaque année par des excédants de recettes.

On parlait des dangers auxquels on exposait les marins de l'expédition du pôle nord. Sur douze cent trente-deux hommes qui composaient les équipages de toutes les expéditions envoyées par le gouvernement, il n'en avait péri que trente-deux, environ 4 pour 100 (si l'on excepte, bien entendu, la grande catastrophe du capitaine Franklin). Mais quelle est l'expédition où les marins ne sont pas exposés à un naufrage? Est-ce que l'équipage du *Capitaine* n'a pas été englouti tout entier en vue des côtes de France pendant qu'il croisait le long du cap Finistère? Une seule nuit d'un cuirassé avait coûté plus de marins que toutes les expéditions du pôle. Y a-t-il une seule voix qui demande à l'amirauté de renoncer à ses remparts de fer?

Une mortalité de 4 pour 100 répartie sur une moyenne de deux hivernages n'est pas une perspective de nature à faire reculer la première nation maritime du monde. Mieux encore vaudrait dire que l'expédition du *Fox,* pour laquelle on a dépensé 210,000 francs, a coûté trop cher, et reprocher au gouvernement de 1825 les 256,000 francs de l'expédition immortelle de Parry.

Cette polémique acheva l'effet commencé par la *Bataille de Dorking* et par les hontes de l'abstention pendant la guerre franco-allemande. Le peuple anglais vit un peu tard l'abîme dans lequel le conduisait un gouvernement de marchands sans patriotisme, sans cœur, sans intelligence. Une révolution électorale éclata. Une majorité écrasante précipita M. Gladstone du ministère auquel il est probable qu'il ne reparaîtra pas de sitôt.

M. Disraëli, qui apportait au pouvoir la volonté bien arrêtée de rendre à l'Angleterre la confiance en elle-même qu'elle avait insensiblement perdue, ne pouvait négliger une aussi brillante occasion de rehausser la marine à ses propres yeux. Il le fit d'une manière propre à accroître la confusion de ses adversaires. Il adopta le plan d'un armement dans lequel on profiterait de toutes les ressources de la science. Non-seulement par une sage libéralité il accroissait les chances de succès, mais il mettait en lumière d'une façon saillante la parcimonie des tristes ministres qui l'avaient précédé.

M. Lowe, ce grossier ministre de l'Échiquier, qui mettait les questions d'honneur après les questions d'argent, avait opposé l'expédition du *Challenger* aux démarches de la Société de géographie.

Par un raffinement digne d'un poëte, M. Disraëli choisissait le commandant du *Challenger* pour le mettre à la tête de l'expédition dont le cabinet Gladstone n'avait pas voulu. Un télégramme expédié au capitaine Nares, qui se trouvait dans les îles de la Sonde, lui apprenait qu'on lui confiait la découverte du pôle nord. Le jour où il reçut cet étonnant message, le thermomètre à l'ombre marquait sur sa dunette une température de 40° centigrades !

La crainte d'un désastre avait fait reculer le cabinet Gladstone. M. Disraëli, qui fait tout pour réussir, prévoit jusqu'à l'insuccès. Il est décidé qu'un navire sera expédié dès le printemps de 1877, si l'automne de 1876 ne voit pas revenir l'expédition.

Mais en même temps qu'on met tous les atouts entre les mains des explorateurs, on leur interdit de faire un coup de tête. Quoique les vivres puissent durer quatre années, l'amirauté décide que, sous aucun prétexte, l'expédition ne doit se laisser entraîner à hiverner pendant trois années consécutives.

La conquête du pôle nord est le but glorieux que l'on propose aux efforts du capitaine Nares et de ses compagnons. Mais il leur est interdit de s'avancer plus qu'ils ne peuvent le faire sans compromettre la sécurité de l'expédition.

Étendre et vérifier les découvertes du capitaine Hall, voilà ce qui leur est enjoint.

Les observations doivent être bonnes, soigneuses, irréprochables.

Jamais programme ne fut tracé d'une manière plus sage et ne fut plus brillamment exécuté.

Comme le capitaine Franklin, le capitaine Nares aura sous ses ordres deux navires : l'*Alert*, commandé par le capitaine Markham, et la *Discovery*, par le capitaine Stephenson. Mais il est interdit aux deux navires de s'avancer de conserve, comme l'*Erebe* et la *Terror* ont eu le tort de le faire dans les mers inconnues. Les colonnes d'Hercule de la *Discovery* seront les régions où le *Polaris* a déjà pénétré. C'est l'*Alert* qui aura seul l'honneur de s'avancer dans les eaux encore insondées. Si le navire d'avant-garde est emporté par les glaces, l'équipage pourra se replier sur le bâtiment de réserve qui lui sert de refuge et de dépôt.

Les explorations en traîneaux, dont le capitaine Hall aurait tiré un si merveilleux parti, ne sont pas oubliées, car chacun des deux navires a l'ordre de procéder à de grandes reconnaissances autour du point où il s'arrêtera. Comme l'amirauté savait à quoi s'en tenir sur la mer libre des Allemands, c'était uniquement sur les traîneaux que l'on comptait pour donner l'assaut à la banquise et pour s'avancer vers

13.

le nord. Aussi n'a-t-on pas conservé aux traîneaux du capitaine Nares la forme rudimentaire de ceux de Parry, et leur a-t-on donné une construction si légère, si parfaite, qu'aucun d'eux ne s'est trouvé en défaut.

C'est à l'aide des traîneaux que les deux navires ont également pu se maintenir en communication, nous verrons au prix de quels travaux et de quelles difficultés.

Comme on n'ignorait pas la peine avec laquelle les échanges de nouvelles se feraient, on avait même eu l'idée d'organiser des colombiers de pigeons voyageurs. On voulait essayer, en faveur de ces marins assiégés par les glaces, le procédé qui a si bien réussi lors du siége de Paris. Mais les oiseaux de Vénus, issus des contrées les plus chaudes de l'Europe, n'ont pu supporter le froid que l'homme seul parvient à vaincre.

Les vêtements des équipages ont été fabriqués avec luxe, de manière à braver des températures inconnues. Quoique le thermomètre soit descendu à 60° centigrades, et que pendant quinze jours il soit resté sans cesse au-dessous de 33°, les seuls accidents provenant du froid ne se sont produits que parmi les équipages des traîneaux en expédition.

A bord des deux navires, la température s'est constamment maintenue à plusieurs degrés au-dessus de zéro, grâce à l'énergie des moyens de chauffage intérieur qui avaient été admirablement calculés.

On a également épuisé l'art des cuisiniers et des

gastronomes anglais pour préparer des conserves agréables, saines et nutritives. Les magasins de Londres n'ont eu rien de trop délicat. Mais de ce côté le succès a été bien moins complet, car le scorbut a atteint les équipages malgré les plus minutieuses précautions. Faut-il, comme on l'a prétendu, attribuer cette circonstance à la fatigue et à l'absence absolue de viande fraîche? car les marins des traîneaux opéraient dans une région absolument déserte, où ni l'air, ni la glace, ni peut-être la mer, n'ont un seul habitant. En effet, ces vaillants champions de l'honneur britannique ont séjourné pendant plus de six mois au delà des limites que la nature semble avoir tracées à la vie.

Pas plus que dans l'expédition du *Polaris* on n'a négligé les moyens de distraction; les matelots et les officiers des deux navires ont largement profité des attentions délicates que d'aimables et charmantes ladies ont eues pour eux.

Comme le navire du capitaine Hall, l'*Alert* et la *Discovery* avaient leur bibliothèque et leur orchestre. Ils avaient aussi leur éperon pour se frayer une route à travers la glace. Ils avaient de plus des piles, et des machines magnéto-électriques pour faire jouer des mines et disloquer les glaces beaucoup plus facilement qu'avec la scie de Ross et de Parry. Peut-être, sans cette dernière précaution, seraient-ils encore captifs dans les régions polaires, et obligés d'hiverner à quelques milles au sud de leur première station.

Les foyers des machines pouvaient de même se chauffer à l'huile. L'amirauté n'avait pas prévu le cas où la *Discovery* hivernerait au pied d'une merveilleuse mine de charbon, dont les premiers rayons du soleil de mai 1876 révéleraient l'existence.

L'amirauté s'est montrée excessivement jalouse de conserver le monopole absolu de l'expédition qu'elle a organisée avec tant de soin. Elle a tenu à ne pas laisser de prétexte à une rivalité quelconque entre les savants et les officiers. Comme les savants ne pouvaient se changer en marins, elle a essayé de transformer ses marins en savants. Elle a donné à de jeunes enseignes et à de jeunes lieutenants l'éducation pratique que l'on peut recevoir dans les grands observatoires, dans les musées d'histoire naturelle et les laboratoires de minéralogie.

Elle a également tenu à conserver intacte, exclusive, la nationalité de l'expédition, à la suite de circonstances qu'il n'est pas inutile de rapporter.

Le lieutenant Bellot, frère du héros dont nous avons annoncé la mort, s'était rendu à Londres, sur l'autorisation du ministre de la marine française, pour faire partie de l'expédition. Il avait été reçu par le lord-maire, et le fait de son admission était universellement considéré comme acquis.

Mais l'Allemagne, éternellement jalouse de la France, ne tarda pas à apprendre ce qui se préparait. Avant que l'amirauté eût expédié la nomination de notre intrépide compatriote, l'ambassadeur d'Allemagne faisait une demande semblable en faveur d'un officier prussien.

M. Petermann, de Gotha, s'était donné beaucoup

Glace flottante rencontrée par la *Pandore*.

de mal, du temps du ministère de M. Gladstone, pour empêcher l'expédition d'avoir lieu.

Depuis qu'un cabinet national était arrivé aux affaires, il avait renoncé à cet espoir. Mais il était venu à Londres afin de faire modifier l'itinéraire.

Voyant que ces nouvelles tentatives avaient échoué, il revenait à la charge avec de nouvelles propositions. Il demandait de faire coopérer une expédition allemande avec celle du gouvernement anglais.

L'amirauté comprit qu'on ne se donnait tout ce mal que pour changer le caractère de l'entreprise et priver l'Angleterre de la gloire qu'elle espérait récolter.

Devant de si puissantes considérations, il fallait que la Grande-Bretagne se résignât à paraître ingrate, et la commission du lieutenant Bellot fut sacrifiée.

Il en resta une irritation profonde, non dans le cœur des marins français, mais dans celui de Petermann et de ses adhérents. Aussi tous les Allemands de Berlin et de Londres se mirent-ils en position de dénigrer les résultats acquis au prix de tant d'efforts et de dangers. On les vit essayer de donner le change à l'opinion publique, et, dès le départ du capitaine Nares, publier des articles critiques que la conscience publique a jugés.

Le prince de Galles, qui était alors sur le point de commencer son voyage dans l'Inde, vint à Portsmouth pour passer en revue les équipages de la flottille du pôle nord.

Pour se rendre compte de l'importance de cette démarche de la part du futur souverain, il faut connaître l'aversion qu'il affiche pour tout ce qui est germanique depuis les affaires du Danemark, et l'espèce d'idolâtrie que les Anglais de toutes les classes ont conservée pour leur famille royale.

La revue du prince de Galles faisait de l'expédition du pôle nord une grande entreprise nationale. Aussi le départ eut lieu en grande pompe. Elle fut précédée d'un grand banquet donné par le maire aux officiers et aux matelots, digne prélude du festin qui a célébré le retour de ces braves marins.

Lorsque les deux bateaux mirent à la voile, ils furent escortés par une foule de yachts et de bateaux à vapeur. Quelques-uns, venus par la Tamise de Londres avec des cargaisons de voyageurs, reprenaient le même chemin. D'autres, meilleurs marcheurs, tourbillonnaient autour des steamers de Sa Majesté comme des dauphins qui se jouent à la surface des flots. Le transport des États-Unis avait trouvé l'équipage du *Polaris* en demi-insurrection dans l'île de Disco. Le capitaine Hall fut sur le point d'embarquer quelques mutins, tant parmi les matelots allemands que dans l'état-major scientifique. Quelle différence cette fois! Le *Valeureux*, navire que l'amirauté envoya à Disco, chargé de vivres et de provisions, laissa les marins en parfaite harmonie. Tout allait pour le mieux dans la meilleure des expéditions polaires, quoiqu'une violente tempête eût assailli l'expédition à son entrée dans les eaux du Groënland. On eût dit que le génie de ces solitudes se révoltait contre l'audace de ces téméraires venant sonder ainsi ses mystérieuses profondeurs.

La population de cette microscopique métropole du Groënland septentrional était en fête. On avait transformé en salle de danse une des grandes cabanes en planche qui en faisaient le plus brillants ornement.

Pas un seul marin ne demanda à retourner en Angleterre, et l'*Alert* et la *Discovery* disparurent dans les eaux du Waigatz au bruit des acclamations de leurs camarades du *Valeureux*, auxquels ils répondaient non moins énergiquement.

Deux mois après le jour où le *Valeureux* avait salué de ses hourras les navires en partance pour le nord, on ramassait sur une plage déserte des Shetland une bouteille renfermant des nouvelles de l'*Alert* et de la *Discovery*. Jetée à la mer par un des officiers de l'expédition, cette fiole maudite apprenait de funestes catastrophes. Un des navires avait sombré dans la baie de Baffin ; l'autre, en proie à une violente tempête, faisait eau de toutes parts.

Cette terrible annonce remua le cœur de la vieille Angleterre. Un deuil universel allait se répandre dans tous les foyers britanniques. Heureusement, l'amiral Mac Clintock publia dès le lendemain dans le *Times* une lettre démontrant que ce prétendu message ne pouvait être que l'œuvre d'un faussaire. En effet, la vitesse des courants les plus rapides n'aurait pu amener la bouteille maudite du fond de la mer de Baffin jusqu'aux plages où elle avait été découverte. Cependant, plusieurs personnes timides conservaient encore quelques craintes. Certaines gens, en effet, avaient du mal à s'imaginer un si odieux abus du mensonge. On oubliait que les coupables appartiennent à cette secte insensée d'irréconciliables qui ont fait sauter la prison de Clerkenwell, et peut-être pétrolé l'Opéra anglais.

XIX

Lady Franklin n'a cessé, pendant toute sa longue carrière, d'être dévouée à la mémoire de l'héroïque époux qu'elle avait perdu.

Après avoir renoncé à l'espérance de le revoir, elle n'avait d'autre consolation que de reconstituer l'histoire de sa douloureuse agonie, que de recueillir des reliques de ses équipages. Tout ce qui avait appartenu à l'*Erebe* et à la *Terror* était sacré pour cette noble femme.

Les voyages, par lesquels elle essayait de tromper son activité, ne pouvaient la détourner de sa grande et unique pensée.

Le départ de l'expédition de l'*Alert* et de la *Discovery* ralluma les douleurs de cette épouse modèle. Elle communiqua ses secrets désirs au capitaine Allen Young, l'intrépide officier qui, depuis l'expédition merveilleuse du *Fox,* n'avait pas un seul instant cessé de songer aux régions polaires. Vingt années qui avaient passé sur cette tête ardente, sur ce cœur chaud, n'avaient fait que mûrir son expérience. Le capitaine Allen Young, qui jouissait lui-même d'une véritable fortune, trouva un noble concours dans James Gordon Bennett, l'opulent directeur du *Herald*. L'intelligent journaliste qui avait organisé la recherche de Livingstone, consentit à envoyer un correspondant au pôle nord et à contribuer aux frais du voyage. L'amirauté, cherchant à se faire pardonner l'exclusivisme un peu farouche dont elle avait cru devoir s'armer, désigna un officier de marine pour faire partie du voyage. Le *Graphic* attacha M. de Wilde, habile dessinateur, à l'expédition de l'ancien officier du *Fox*. M. Mac Canagh fut chargé de représenter le *Herald*.

Comme interprète, le capitaine Young s'était assuré le concours de l'Esquimau Joe, qui, on ne l'a pas oublié, avait accompagné le capitaine Hall dans ses premières excursions.

La *Pandore* fit escale au port d'Ivitgut, dont nous donnons la vue prise d'après nature. Une Compagnie danoise y extrait la cryolithe. Cette pierre d'un blanc éclatant était depuis un temps immémorial connue des Groënlandais, qui s'en servaient pour lester leurs filets, après en avoir grossièrement façonné les fragments. C'est sous cette forme que les premiers échantillons en furent apportés à Copenhague. Bientôt, les chimistes s'aperçurent que l'on pouvait s'en servir avec avantage pour la fabrication de la soude artificielle. Plus tard, lorsque M. Henry Sainte-Claire Deville eut organisé la préparation de l'aluminium, un nouveau débouché s'ouvrit pour cette substance si longtemps inconnue.

Actuellement, son prix marchand est d'environ cinquante francs par tonne rendue à Copenhague, y compris un impôt payé à la Compagnie royale du Groënland. Car le commerce de ces régions glacées n'est pas libre; une noble émule de la Compagnie des Indes, ignorée des grands États européens, jouit encore d'un privilége contre lequel aucun acte diplomatique n'a protesté.

Mais la vie parlementaire qui s'est allumée l'an dernier en Islande viendra peut-être un jour troubler les bénéficiaires d'un privilége séculaire.

Qui sait si bientôt un orateur de l'Assemblée nationale de Disco ne tonnera pas contre un état de choses contraire aux droits naturels de tout bon Groënlandais?

Quoi qu'il en soit, la cryolithe n'est pas le seul minéral utilisable que possède le Groënland.

La *Tigress* fut frétée par le gouvernement des États-Unis pour aller à la recherche des naufragés restés à bord du *Polaris*.

Dans ce voyage, un certain Nutziger, qui avait embarqué en qualité de lieutenant, eut occasion de descendre sur la côte du Cumberland. Il aperçut des blocs de mica qui lui parurent remarquables, et dont il rapporta en Amérique divers fragments.

Ces échantillons furent mis entre les mains de quelques chimistes, qui trouvèrent que les feuilles avaient une souplesse, une ténacité, et surtout une dimension extraordinaires. Au printemps de 1876, un navire commandé par Nutziger partit de New-York pour aller charger ce minerai nouveau. Il revint avec une cargaison qui, d'après les dernières nouvelles commerciales, fut vendue avantageusement. Un nouveau débouché tout à fait inattendu est donc créé d'une façon inopinée.

La ville de Disco était encore sous l'impression des souvenirs brillants de l'*Alert* et de la *Discovery*. La salle où les jeunes Groënlandaises avaient dansé avec les matelots du capitaine Nares servit aux ébats des compagnons du capitaine Young. Le court été, semblable à un amour de poëte, étant à peine à moitié de son terme, les jeunes filles n'avaient pas encore eu le temps d'oublier les valses qu'on leur avait apprises. Le rédacteur du *Herald* ne tarit pas d'éloges dans ses lettres sémillantes. Il trouve tout charmant à Disco. S'il faut l'en croire, les beautés peu sauvages du pôle ont toute la grâce de leurs sœurs habitant les régions moins sévères du midi. La nouvelle Cythère aurait une succursale perdue dans les banquises boréales !

Il avait encore l'esprit tout échauffé des charmes de Darwa, fille aînée du pilote, lorsque la *Pandore* disparut à son tour dans les eaux bleuâtres du détroit de Waigatz. Le capitaine Young, animé de pensées plus sérieuses, se rendait aux mines de Kulidset pour remplir les vides creusés dans ses soutes depuis le départ d'Angleterre. Souvent les baleiniers y font escale pour se ravitailler de combustible; aussi les indigènes du voisinage sont-ils habitués au métier de mineurs. Qui sait s'il ne s'y établira pas quelque grande compagnie pour exporter ces charbons dans les pays lointains?

Une nouvelle surprise attendait le journaliste américain. Ce sont des jeunes filles qui travaillent ces mines et qui paraissent apporter une sorte de coquetterie raffinée que nul n'aurait soupçonnée.

On sait que les Groënlandaises ne se distinguent pas des hommes par leur costume, qui est identique, sauf certains détails qui ne frappent pas toujours à première vue.

Les cheveux attachés à la chinoise et relevés sur le haut de la tête sont retenus par des rubans de soie de couleur différente, suivant l'état civil de la personne à laquelle ils appartiennent légitimement, car les faux chignons sont tout à fait inconnus dans ces régions. Les filles emploient un ruban vert, les femmes mariées un rouge, et les veuves un noir.

Le haut des grandes bottes que les femmes portent aussi bien que les hommes est garni de morceaux d'étoffe blanche qui jouent dans les mers polaires le même rôle que la collerette de nos élégantes.

Esclaves d'un climat terrible qui les oblige à renfermer modestement leur gorge, les Groënlandaises se vengent de cette réserve en se décolletant la cuisse!

La blancheur de la garniture de leurs bottes fait ressortir la couleur bronzée de leur chair.

Les nymphes charbonnières de Kulidset se donnaient garde de renoncer à ce raffinement. Pour soustraire cette partie capitale de leur toilette à l'effet désastreux d'une poussière noirâtre, elles ne changeaient pas moins de trois fois par jour leur tour de cuisse.

Il y a des ombres à ce tableau ; les ombres sont des vieilles ridées qui étaient chargées de monter la garde afin de veiller sur la vertu de ces filles séduisantes. Elles s'acquittaient de cette mission délicate avec une conscience que M. Mac Canagh trouve trop exemplaire.

Kulidset fut le théâtre d'une bataille aussi célèbre dans les annales du Groënland que celle de Sedan peut l'être dans les nôtres. C'est là que des nains sans nom, sortis des glaciers insondés, se précipitèrent pour la première fois sur les descendants des rois de la mer. Massacrés presque aussitôt qu'attaqués, ces malheureux ne purent pas même avertir leurs frères du midi, qui périrent à leur tour. On n'a recueilli dans les traditions norses aucun détail sur cette terrible invasion. A partir de la bataille de Kulidset, il se fait un sombre et terrible silence.

Un spectacle touchant attendait le capitaine de la *Pandore*. Le charmant yacht qui avait si vaillamment continué la recherche du capitaine Franklin, alors que l'amirauté britannique renonçait à cette tâche, le noble *Fox* n'avait pas déserté les mers polaires. Il était à l'ancre, attendant son chargement, et le capitaine Young eut encore une fois le plaisir inattendu de se rendre à ce bord qui lui rappelait tant de glorieux souvenirs.

Comme les matelots de l'*Arctic*, ceux de la *Pandore* arrivèrent à capturer un ours dont ils avaient tué la mère. C'est dans le voisinage de la mine de charbon que se passa ce véritable drame. Une fois remis de la frayeur inexprimable à laquelle il était en proie, le jeune ourson donna les signes du plus violent désespoir. On voyait que l'orphelin des mers polaires comprenait toute l'étendue de la perte qu'il venait de faire. Heureusement, on trouva pour le consoler un moyen simple : on lui permit de se coucher sur la peau de la femelle infortunée qui lui avait donné le jour.

Le gouvernement anglais savait avec quelle impatience le public britannique attendait des nouvelles de l'expédition, et de quel prix seraient les lettres écrites d'Angleterre pour les marins engagés dans cette grande et périlleuse entreprise. Aussi le *Post-Master general* prit-il à cet égard les seules mesures auxquelles il fût possible de songer.

Le capitaine Nares avait reçu l'ordre de laisser ses dernières dépêches sous un cairn construit dans une des îles Carey. Les îles Carey sont un petit archipel situé au nord de la mer de Baffin, à deux cents milles à peine de l'embouchure du détroit de Smith. La

Une vigie de la *Pandore* dans le sud de Corbeau. (V. page 243.)

14

Pandore reçut la mission de relever ces lettres avant de se diriger vers le détroit de Lancastre et de sonder les profondeurs de l'archipel arctique.

Les premières recherches ne furent pas heureuses. Vainement les marins de la *Pandore* remuèrent le sol des principales îles, ils ne purent découvrir aucun message.

Ce n'est pas sans quelques appréhensions secrètes qu'ils se dirigent vers le détroit de Lancastre.

Une de leurs premières visites fut pour Northumberland House, sorte de caravanséraï arctique où l'amirauté a accumulé des provisions destinées soit à des baleiniers en détresse, soit à de futurs explorateurs. (V. fig. page 217.)

Comme toujours, les provisions étaient en excellent état de conservation, aussi fraîches qu'en sortant des cales du navire. Quelques bouteilles de rhum, exposées au froid d'un grand nombre d'hivers, avaient même acquis des qualités inappréciables. La maison menaçait ruine, mais on la répara sans grandes difficultés. Un yacht mis à terre hors de l'atteinte des flots attendait que quelqu'un eût besoin de s'en servir. Un procès-verbal minutieux de l'état de ces richesses appartenant au premier occupant fut rédigé et rapporté à l'amirauté anglaise.

Le but du voyage étant, comme nous l'avons dit plus haut, de se procurer des reliques des expéditions relatives à Franklin, M. Young devait visiter soigneusement tous les cairns. Il découvrit un message écrit par son ancien capitaine l'amiral Mac Clintock, alors qu'il commandait le *Fox*. Cette lettre, adressée à l'amirauté et confiée à tout voyageur que le hasard amènerait dans ces régions, avait été rédigée en prévision de la possibilité d'un naufrage. Elle renfermait des renseignements sommaires, mais substantiels, sur la route suivie et sur celle que le *Fox* allait suivre. Les prévisions de Mac Clintock s'étaient accomplies à la lettre. Rien n'égala la surprise du capitaine Allen Young de voir la sagacité dont son commandant avait fait preuve et dont il tenait entre les mains le témoignage écrit. La discipline était si sévère à bord du *Fox* que, quoiqu'il eût été chargé de la construction du cairn et de l'enfouissement du tube, cette lecture était une révélation inattendue faite vingt ans plus tard.

Mais là s'arrêtèrent les succès de la *Pandore*. Les eaux se chargeant de plus en plus de glaces, il fallut battre en retraite devant la terrible perspective d'un hivernage. (V. fig. page 241.)

Du haut d'un roc, comme Moïse sur le seuil de la terre promise, le capitaine Young pouvait, en regardant au sud, voir à travers la brume cette terre du Roi-Guillaume, où Franklin avait éprouvé les dernières angoisses de la mort, où tous ses compagnons avaient successivement péri les uns après les autres.

En se tournant vers l'ouest, cet intrépide vétéran du pôle nord pouvait presque apercevoir les limites orientales de cette banquise de cent cinquante milles d'épaisseur qui le séparait du détroit de Mac Clure, de la mer de Behring et de l'océan Pacifique.

Des deux côtés il entrevoyait le but de sa mission, et cependant il était obligé de mettre le cap vers l'occident. On était aux derniers jours d'août, et le soleil, quoique encore chaud, commençait à perdre de sa force.

Cependant, de quelques périls qu'il fût environné, le capitaine de la *Pandore* ne voulait pas retourner en Angleterre les mains vides. Un espoir, un remords l'assaillit. Il avait dédaigné de visiter la plus méridionale des îles Carey, la plus petite de toutes. Loin de posséder un piton central d'une certaine élévation, elle n'offrait qu'une éminence peu notable; son sol friable ne semblait formé que de roches en décomposition.

La *Pandore,* faisant à la fois force de voiles et force de vapeur, arriva le 3 septembre dans ces parages oubliés. Une embarcation lancée à la mer revient deux heures après, au moment où un violent orage de neige éclate.

La *Pandore* est obligée de lever l'ancre.

Heureusement, cette tentative un peu désespérée n'a pas été infructueuse. Un sac de dépêches était caché sous un cairn, l'embarcation l'a aperçu et apporté à bord. On y trouve le récit du voyage de l'expédition jusqu'aux îles Carey, qui ont été atteintes avec une rapidité extraordinaire. Avec les lettres se trouvent des dessins et des photographies qui vont bientôt enrichir les colonnes des journaux illustrés d'Angleterre. Vers la fin d'octobre 1875, le *Graphic* publie son supplément arctique. C'est un an après que recommence l'histoire de l'expédition polaire.

Quant à la *Pandore,* elle repart de nouveau au printemps de 1876, avec l'ordre de joindre les iles Carey pour y déposer de nouvelles correspondances, et pour relever les dépêches que l'expédition polaire peut avoir confiées aux cairns.

Vers les derniers jours de septembre, l'amirauté reçoit du capitaine Allen Young un message écourté. Une première lettre remise à un baleinier, qui sans doute a fait naufrage, n'est pas parvenue aux lords hauts commissaires.

La seconde dépêche dit que la saison a été orageuse, qu'une première tentative pour parvenir aux iles Carey a échoué, que, fidèle à sa mission, le *Fox* va repartir.

Quinze jours plus tard, un télégramme arrivé d'Amérique annonce que la saison a été horrible dans la mer de Behring. Sauf deux navires, dont l'un se rend à San Francisco et dont l'autre a dû toucher aux Sandwich, toute la flotte de pêche a été anéantie. Les marins qui n'ont pas voulu abandonner leurs navires ont été engloutis par les flots.

De sombres inquiétudes commençaient à tourmenter les amis de l'expédition anglaise. Tout à coup, le 25 octobre, un télégramme de Valentia apporte une grande et glorieuse nouvelle : l'*Alert* vient d'entrer dans ce port. La *Discovery*, dont il a été séparé par une tempête en plein Atlantique, est attendue d'un jour à l'autre. Le *Fox*, avec lequel on a signalé au large du Groënland, fait voile vers l'Angleterre sans avarie majeure.

Quelques jours après, grâce au télégraphe électrique, le monde civilisé était au courant des dramatiques événements dont les détails méritent d'être soigneusement rapportés.

XX

DE DISCO A LA BAIE DE LA DISCOVERY.

Avant de quitter Disco, l'*Alert* avait embarqué un conducteur et trente chiens que l'inspecteur du Groënland avait achetés pour le compte du gouvernement anglais. Le lendemain, l'expédition s'arrêtait à Kiltenbauto, petite île située au milieu du détroit de Waigatz, où une autre troupe de chiens avait été réunie par les soins du même officier.

Les Esquimaux soignent très-mal les chiens pendant l'été. Ils les laissent errer sans nourriture autour de leurs habitations. Les hurlements de ces malheureux animaux criant la faim sont même une sorte d'accompagnement obligatoire de tous les villages. Cependant, ils tiennent énormément à leurs attelages, et ils ne s'en défont qu'avec une extrême difficulté, car ils leur rendent des services que l'argent ne peut leur procurer.

Sans chien, il n'y a pas moyen de transporter sur la neige le phoque que l'on a tué à des distances quelquefois considérables de la hutte des neiges.

La rareté croissante des chiens est même une des plaies du Groënland.

Une maladie inconnue, sorte de rage qui ne se communique pas par la morsure, a décimé la race canine, malgré tous les efforts des vétérinaires. Le gouvernement, qui s'occupe de ces animaux avec autant de sollicitude que l'on peut soigner les bœufs ou les chevaux en Normandie ou en Angleterre, n'a trouvé qu'un remède héroïque : les chiens atteints sont immédiatement abattus.

Aussi, le capitaine Nares donna-t-il la permission de célébrer l'embarquement des derniers chiens par une grande chasse à une *loomerie* des environs de Kiltenbauto. Ce sont des rochers fréquentés par des guillemots et d'autres oiseaux sauvages en nombre qui dépasse tout ce que l'on peut imaginer. En voyant ces légions infinies d'êtres ailés de toute forme et de toute taille, on pense involontairement aux îles paisibles de l'océan Pacifique, où s'accumulent des quantités prodigieuses de guano.

Ici l'on ne peut attendre aucun phénomène analogue, car la conservation de ces détritus n'est possible qu'à cause de l'extrême sécheresse de l'air et de l'étonnante égalité du climat des régions tropicales.

Après cette partie de chasse, les deux navires reprirent leur route vers le nord, touchèrent aux mines de charbon de Kulidset et se rendirent à Proven, un des plus charmants et des plus pittoresques villages du Groënland.

Si les arbres pouvaient braver la rigueur des hivers, ces cabanes de planches feraient songer aux sites les plus gracieux de la Provence. Mais à Proven les orangers ne poussent pas en pleine terre. Les bouleaux eux-mêmes auraient besoin de serres chaudes.

Proven est le séjour d'un Danois qui, venu jeune au Groënland, s'est fait une nouvelle patrie dans ces rudes régions. Nels Christian Petersen, qui avait accompagné le docteur Hayes en qualité d'interprète et de conducteur de traîneaux, 'prit congé de sa famille et s'embarqua à bord de l'*Alert*. Le malheureux ignorait alors le sort cruel qui l'attendait.

M. Smith, inspecteur du Groënland du nord, avait pris passage à bord de l'*Alert* pour servir de guide au capitaine Nares. Le petit bâtiment dont il se sert chaque année pour faire sa tournée (car ce nom d'inspecteur n'est pas une métaphore administrative) était remorqué par le steamer de Sa Majesté Britannique, qui, pour économiser la vapeur, remorquait également la *Discovery*.

C'est le 22 juillet que l'expédition arriva à Uperniavik, point extrême de la tournée de M. Smith. Les équipages furent prévenus par un ordre du jour, et les correspondances furent transportées en Europe lors du retour de cet officier.

Lorsque le capitaine Nares quitta cette dernière étape de la civilisation, l'avenir de l'expédition semblait obscur et mal défini.

La mer s'était couverte d'un brouillard épais

excessivement commun dans les régions arctiques, et d'autant plus dangereux pour les navires ordinaires, qu'ils n'ont pas généralement les flancs assez robustes pour résister au rude contact de la glace. Le capitaine Nares donna ordre de naviguer entre la côte et de petites îles en continuant à mettre le cap vers le nord, et en s'avançant avec précaution.

Tout à coup, on vit paraître deux kyachs; dans chacun se trouvait un pêcheur esquimau.

Le Danois Petersen entre en conversation avec ces nouveaux venus. Il ne tarde pas à les décider à conduire les navires à un ancrage où ils se trouveront en sûreté.

Ces braves gens étaient pleins de bonne volonté, et ils connaissaient parfaitement la côte; mais ils ne se rendaient pas suffisamment compte de l'énorme tirant d'eau de deux steamers pesamment chargés. Ils conduisaient innocemment l'*Alert* et la *Discovery* dans une crique où leurs kyachs abordent sans aucun danger, mais où l'expédition aurait été perdue. Heureusement, le capitaine Nares, qui n'avait pas quitté le pont où le timonnier se tenait le plomb de sonde à la main, s'aperçut que l'avant du navire avait légèrement frôlé le fond de la mer. L'*Alert* ne se trouvait plus qu'à cinquante encablures du rivage. Comme la marée montait, et que la coque n'a fait que toucher un fond de vase, on peut se dégager aisément rien qu'en profitant du flot. Le brouillard se dissipant, les hommes furent envoyés

à terre pour laver leur linge avec de l'eau douce,
genre de luxe auquel les matelots tiennent toujours
beaucoup.

Dans ces régions, la glace ne se dissout jamais
complétement. Elle entretient à la surface de l'eau
un brouillard épais qui ne se dissipe que lorsque
le soleil s'approche du méridien supérieur, et qui
prend de la force le soir.

Lorsque ce rideau de vapeur s'entr'ouvre, l'œil
du marin est frappé du plus admirable spectacle que
l'on puisse imaginer.

La blancheur des glaçons fait ressortir le bleu
vigoureux des eaux limpides, qui réfléchissent vivement la teinte d'un ciel sans nuages. Le rivage,
que l'on côtoie de très-près, et qui est excessivement
accidenté, est couvert de cette verdure tendre qui
a valu au Groënland son nom. De temps en temps,
ce gazon, sur lequel l'œil aime à se reposer, est
interrompu par des criques profondes et par quelques
caps noirâtres couronnés d'un chapeau de neige. Le
dernier plan est formé par de hautes montagnes
étagées à formes bizarres, que recouvrent de puissants glaciers. Quelquefois, ces masses gigantesques,
glissant les unes sur les autres, sont suspendues au
sommet des falaises escarpées.

Le 25 juillet, l'expédition arrivait au cap York,
station que les baleiniers fréquentent quelquefois.
Les indigènes sont en quelque sorte habitués à com-
mercer avec les Européens. Aussi se rendent-ils au-

devant des nouveaux venus. Comme la mer était encore couverte de glace et que leurs kyachs n'auraient pu leur servir, on les vit arriver avec des traîneaux auxquels des équipages de chiens étaient attachés. Les Anglais, qui avaient à leur bord de pareils attelages, purent, pour la première fois, prendre une leçon pour la conduite de ces étranges et utiles véhicules.

Les Esquimaux du cap York ont gardé toute leur barbarie naïve et grossière. Ils sont couverts de peaux de phoque et remarquables par leur voracité. Le docteur de la *Discovery* raconte qu'il vit un de ces sauvages mordre à même dans un gros morceau de phoque qu'on lui présentait, couper avec un couteau tout ce que sa bouche ne pouvait contenir, et opérer sa mastication prodigieuse en donnant tous les signes extérieurs de la plus vive satisfaction.

Mais ils ne sont pas insociables ni inhospitaliers; on les a vus vivre dans la meilleure intelligence avec Kane, avec Hayes, et avec les naufragés du *Polaris*. C'est dans ces tribus que Hans s'était marié, après avoir déserté l'expédition de Kane. C'est là que Hayes le retrouva et l'engagea avec toute sa famille comme guide, interprète et cocher à chiens.

Bientôt viendra le jour où la domination du roi de Danemark s'étendra sur cette poignée de nomades, pour leur grand bénéfice. Car ils dépérissent, privés de tout ordre social, en proie à la polygamie et à la domination de leurs sorciers ou *angekok*. La

L'*Alert* et la *Discovery* dans le détroit de Waigatz. (V. page 250.)

15

barbarie ne peut longtemps subsister près de la civilisation. C'est ainsi que les domaines du pacha d'Égypte, par un effet de même nature, s'étendent à mesure que les découvertes de l'intérieur de l'Afrique font de nouveaux progrès.

Peu habitués encore aux nécessités de la vie polaire, les Anglais dédaignaient les produits de leur chasse et abandonnaient aux Esquimaux la dépouille des animaux qu'ils avaient tués. Bientôt allait venir le jour où ils préféreraient cette viande fort saine et fort substantielle à toutes les savantes combinaisons culinaires dont leurs soutes aux vivres regorgeaient.

Un peu au nord du cap York se trouvent les falaises Cramoisies (*Crimson Cliff*), colorées par de riches bancs d'oxyde de fer, dont l'exploitation serait très-fructueuse dans un climat moins terrible. Peut-être ce district minéralogique est-il également riche en métaux plus précieux, dont ces minerais indiquent ordinairement le voisinage. (Voy. fig. page 281.)

Après avoir aperçu de loin ce canton pittoresque, célèbre dans la liste des paysages classiques de la mer de Baffin, les deux navires arrivèrent à Port-Foulke, station où le docteur Hayes a fait un long séjour, il y a une quinzaine d'années. Ce port a été ainsi nommé par l'intrépide explorateur en l'honneur d'un de ses amis, avocat de New-York, à qui il a dédié le récit de son intéressante expédition. C'est de là qu'il est parti au printemps pour explorer le détroit de Smith sur la glace de pied : on nomme ainsi celle qui borde les falaises.

C'est en vue de Port-Foulke que le glaçon du *Polaris* a commencé sa grande dérive vers le sud. C'est dans ce district que l'équipage du malheureux steamer a hiverné pour la dernière fois.

Des voyageurs voulant suivre la même route que Hayes, avec des moyens infiniment plus puissants, ne peuvent guère se dispenser de rendre hommage à leur prédécesseur; ils visitent le site rendu classique par ses excellentes descriptions. Car l'erreur de la mer libre, dans laquelle il est tombé comme Kane, ne saurait diminuer l'intérêt qui s'attache à ses belles observations.

Les sens de l'homme sont tellement au service de son esprit, qu'il ne voit le plus souvent que ce qui confirme ses opinions. Son imagination lui montre tout ce dont il a besoin et écarte ce qui serait en contradiction avec ses opinions anticipées.

Des officiers de la *Discovery* descendent à terre pour explorer le glacier classique de Frère-Jean. Le Palais de cristal n'existe plus, mais la glace n'a pas marché beaucoup plus vite que Hayes ne l'avait indiqué. C'est seulement dans quelques siècles que les fragments qui s'en détachent iront joindre les débris du grand glacier Humboldt, et de tous ceux qui, vomissant leur banquise dans la grande mer polaire, n'ont point encore de nom.

Hans conduit quelques chasseurs dans les gorges

où Hayes pratiquait ce que l'on peut appeler la pêche aux guillemots. Perché sur une roche, avec un instrument analogue aux filets, dont les enfants se servent pour prendre les papillons, il capture par douzaines ces pauvres oiseaux effarés.

D'autres tuent un renne sauvage, animal excessivement rare dans ces hautes latitudes.

Quelques-uns, guidés par Petersen, un autre vieux compagnon de Hayes, explorent le rivage pour trouver des traces de ce long et utile séjour. Mais la végétation est si active, que tous les restes sont recouverts par des mousses, des lichens, ou des terres apportées par les eaux. Cependant, on découvre sous un cairn le journal de l'expédition. Conformément aux instructions de l'amirauté, on le remplace par un récit abrégé de la navigation de l'escadrille, et on le serre dans les archives de l'*Alert*. Il fera partie des reliques que l'on rapporte à Washington.

On n'a point oublié que le capitaine Nares commandait l'expédition du *Challenger*, quand M. d'Israéli le mit à la tête de l'escadrille du pôle nord. Le savant capitaine a déjà fait campagne pendant deux ans pour sonder les profondeurs ultimes des grands bassins océaniques. Aucun marin n'est donc mieux à même de reconnaître l'inanité des théories enfantines à l'aide desquelles on complétait l'idée folle de la mer libre.

Privé de tout moyen de procéder à des sondages sérieux, Hayes imaginait que, conformément aux théories de Maury, le Gulf-Stream se jette sur le Spitzberg et doit faciliter l'accès de la mer libre, soit entre le Groënland et le Spitzberg, soit entre le Spitzberg et la Nouvelle-Zemble.

Le capitaine Nares n'eut pas de mal, la sonde à la main, à reconnaître que les choses se passent d'une façon tout à fait opposée.

Un courant océanique venant du sud rencontre les glaces que les vents du nord font descendre par le détroit de Smith, et les banquises ne sortent de ce goulet étroit que pour se dissoudre.

C'est donc par ces défilés que passent la majeure partie des glaces qui rendent si difficilement abordable le fond de la mer de Baffin. Mais le port Foulke est dans une position exceptionnellement favorable.

La chaîne de montagnes qui borde la côte est très-escarpée et maintient les glaciers, même celui du Frère-Jean, à distance. Ce n'est qu'à la hauteur du glacier Humboldt, une centaine de milles plus haut, que les banquises arrivent au niveau de l'eau et s'y déchargent par un front de cent milles de développement.

Grâce à ces circonstances exceptionnelles, l'air est constamment chargé d'une grande quantité d'humidité. Cette vapeur, déposée sur les rochers, donne naissance à un nombre infini de cours d'eau qui tombent à la mer, en produisant des cascades pittoresques. Pendant l'hiver, elles forment d'incroyables stalactites, des colonnades transparentes. Elles prennent quelquefois un aspect monumental. La plus célèbre de ces cristallisations artistiques a été appelée par Hayes le Palais de cristal, nom que jamais l'édifice de Sydenham n'a aussi magnifiquement justifié.

Le gibier se réfugie dans cette oasis semée par la nature aux portes du pôle nord, comme le Jardin au pied du mont Blanc.

La pêche et la chasse fournissent au voyageur qui établit son hivernage à l'abri de ces montagnes élevées une nourriture abondante, et variée. Souvent les Esquimaux de Proven viennent y poursuivre les rennes et les bœufs musqués. (Voy. fig. page 265.)

Hayes ne put quitter ce lieu sans exprimer des regrets poétiques que le capitaine Nares ne pouvait manquer de ressentir à son tour.

Le savant commandant de l'intrépide escadrille n'en fait pas mystère, il les mentionne d'une façon expresse dans son rapport à l'amirauté.

Bordée de hauts rochers qui arrêtent les vents du nord et écartent les glaces éternelles des eaux du détroit, la rive du Groënland est plus hospitalière que celle de la terre de Grant, mais elle offre plus de danger au navigateur. C'est surtout de ce côté que les vents poussent les glaces.

Aussi, l'*Alert* et la *Discovery* ne tardent-ils pas à se diriger vers le cap Isabelle, promontoire aigu qui s'avance à l'ouest et qui arrête les banquises.

Une fois ce cap doublé, l'escadrille se trouve aux

prises avec les masses de glace qui poursuivent leur route vers la mer de Baffin.

Mais l'intrépide capitaine donna l'ordre de ne point s'arrêter devant cet obstacle et de forcer le passage, dût-on lutter corps à corps avec la banquise.

A minuit, par un soleil encore vif, les deux navires sont saisis à la fois. Le radeau de glace qui se referme les a capturés l'un et l'autre au même instant. Ils sont à quelques encablures... L'avalanche d'eau et de blocs les pousse contre une monstrueuse glace flottante.

La vapeur étant réduite à l'impuissance, le capitaine donne le signal de retirer de l'eau le gouvernail et l'hélice. Au moins est-on sûr que ces organes essentiels ne seront pas brisés. Si les navires échappent par miracle à cet épouvantable laminage, ils pourront encore gouverner.

Malgré le succès de cette manœuvre difficile, plus d'un cœur bat plus vivement que d'ordinaire à bord de l'*Alert* et de la *Discovery*.

Les matelots n'ont pas oublié l'histoire du *Teghetoff*, si lestement perché au sommet d'un glaçon d'où nulle force humaine n'a pu l'arracher.

La banquise échouée en travers du chenal oppose un front large et menaçant aux masses qui entraînent l'*Alert* et la *Discovery*. On peut la comparer à une digue qui s'est plantée au milieu du détroit.

Mais, en s'approchant, les glaces s'accumulent en amont de ce terrible écueil. Elles montent les unes

sur les autres en faisant entendre de sinistres bruisse-
ments.

La montagne, qui s'accumule sous les yeux des
marins, forme une sorte de muraille effrayante, terrible, vers laquelle les deux navires sont précipités
par une force irrésistible. Mais la masse est ébranlée
par des chocs sommaires, des fissures inconnues se
sont formées à l'insu des Anglais, qui se voient pulvé-
risés. Au moment où le choc terrible, foudroyant,
va avoir lieu, le champ flottant se sépare en deux
parties presque équivalentes : l'une dérive à l'orient,
et l'autre à l'occident.

Plus rapproché de la rive américaine, l'*Alert* est
sauvé. Il glisse dans un petit bassin d'eau libre, où
son hélice, descendue à la hâte, commence à évoluer.

Rien n'est plus irrégulier, plus bizarre, que la
forme de ces banquises, plus variées peut-être que les
nuages dont notre ciel est parsemé. Un bras de
glace s'avance du côté où la *Discovery* est précipitée, il sert de point d'appui pour détourner le choc,
les embarcations vont être écrasées.

Généralement, les dimensions des banquises qui
descendent du nord sont moins effrayantes. Leur
diamètre ordinaire est d'une centaine de pieds, leur
hauteur est d'une quarantaine.

Leur tête domine une armée désordonnée de petits
blocs qui ont rarement plus de trois ou quatre pieds
d'épaisseur.

Quelques-unes de ces pièces sont formées par

l'accumulation d'une série de glaces moins épaisses soudées les unes sur les autres par le froid de plusieurs hivers. Le danger immédiat est écarté, mais il est impossible de laisser les navires errer au hasard au milieu d'un pareil désordre, exposés au choc des montagnes que le pôle, pareil aux Titans de la fable, lance contre les imprudents cherchant à lui arracher ses secrets.

Aussi, prenant son parti d'une façon héroïque, le capitaine Nares donne le signal d'une manœuvre aussi neuve que hardie.

Mieux armé pour la lutte contre la banquise, le capitaine Stephenson prend les devants. Après avoir donné un coup violent de toute la puissance de sa machine, la *Discovery* recule rapidement. Cette habile manœuvre laisse le temps de dériver à tous les débris accumulés sous la proue. Un peu écartée de la montagne flottante où elle veut hiverner, la *Discovery* accumule une effrayante vitesse avant de se heurter contre elle, et la collision a lieu avec une force vive incroyable. La glace craque, se brise, et cède en frémissant.

La force du coup est si grande, que l'avant du vaisseau s'élève de trois ou quatre pieds.

La *Discovery*, qui possède une impulsion irrésistible, glisse et pénètre comme un coin d'acier. Au moment où on la croit captive et scellée dans cette muraille qui descend impitoyable, elle est dégagée.

13.

Son poids énorme s'appuyant sur la semelle de glace qui la supporte, cette semelle est brisée.

Aussitôt, l'hélice joue en arrière, la *Discovery* recule, jusqu'à frôler l'*Alert* qui suit son sillage. Elle se précipite en avant, et un nouveau choc est asséné.

Hayes a mis quarante-six jours à suivre péniblement avec ses traîneaux la glace de pied, avant d'arriver au cap où il a dû rétrograder, après avoir, comme Morton, déployé en face d'une mer imaginaire l'étendard étoilé.

Pendant un mois cette lutte incessante, dramatique, acharnée, se continue avec d'émouvantes péripéties.

Le 25 août, les deux navires arrivent sur le bord septentrional de ce que l'on appelait alors le détroit de Lady-Franklin, à l'ouest du cap Bellot.

En entrant dans cette baie, bien protégée contre les vents du nord par une ceinture de rochers, les marins de l'*Alert* ont la satisfaction d'apercevoir un troupeau de neuf bœufs musqués. Un canot conduit à terre les chasseurs, et au bout de quelques heures les neuf habitants de la terre de Grant sont tués jusqu'au dernier. Une distribution de viande fraîche célèbre l'arrivée des Anglais dans ces régions où l'on croyait que la vie était éternellement paralysée.

La végétation est plus riche encore que sur les rives du détroit de Hayes. Elle rappelle celle de la baie de Foulke. Le capitaine Nares décide que la *Discovery* hivernera en ce lieu. Les instructions de l'amirauté lui enjoignaient de ne pas dépasser l'hivernage du capitaine Franklin. De l'autre côté du détroit de Robeson, on peut apercevoir avec des longues-vues la tombe où ce grand explorateur a trouvé un éternel repos.

Le capitaine Nares, fidèle à son programme, continue sa route vers le nord. Mais, avant de quitter la *Discovery*, il laisse à bord un de ses officiers, M. Rawson, avec ordre de venir le rejoindre aussitôt que les glaces seront complétement solidifiées.

Comme on le voit par ce récit rapide, le capitaine Nares a mis un mois pour se rendre de Port-Foulke à la tombe du capitaine Hall. Il eût été arrêté dans sa route si ses navires n'avaient été construits comme des machines de guerre, pour s'élancer à l'abordage des glaçons. C'est en quelque sorte à main armée, par brèche ouverte, que la *Discovery* a pénétré dans la baie qui porte à jamais son nom.

En 1871, le capitaine Hall, favorisé par les circonstances, n'avait mis que trois ou quatre jours pour parcourir la même route avec son *Polaris*.

Au pôle, comme dans nos régions tempérées, les saisons ont de grandes irrégularités, qui permettront par un caprice du sort un exploit tout à fait impossible l'été suivant.

L'explorateur des régions polaires, plus encore que le sage politique, doit être avant tout l'esclave de l'opportunité. Il ne doit manquer aucune circonstance pour s'approcher du terme de tant d'efforts, mais il ne doit jamais le faire d'une manière légère et inconsidérée, car il ne sait pas quelle est la nature des obstacles qui peuvent surgir.

Il peut rencontrer des difficultés que n'ont pas prévues les astronomes qui parlent de la nature, du soleil et de la lune, comme s'ils avaient assisté à leur création !

Aussi n'est-il pas inopportun de parcourir de nouveau le livre du docteur Hayes, que trop d'astronomes ont considéré, pendant une quinzaine d'années, comme l'évangile de la géographie polaire.

Cet exemple les rendra-t-il moins confiants dans leur fausse science, plus modestes et plus circonspects? Il est difficile de l'espérer. Car, plus heureux que Kane et que Hayes, ils exercent leur imagination dans une zone où les hommes ne peuvent songer à pénétrer. Ils s'imaginent, non sans quelques raisons apparentes, que jamais l'esprit de recherche et d'analyse ne viendra les saisir en défaut. Ils multiplient sans crainte les panaches et les éruptions à la surface du soleil, comme si ce chef-d'œuvre de la nature n'avait à sa disposition qu'un vieux reste de chaleur primitive, qui sera bientôt usé.

Voici dans quels termes s'exprime cet explorateur, qu'on ne pourra rendre ridicule, quelles que soient ses erreurs, car son long voyage dans la baie de Foulke, lui a acquis le droit de se tromper :

« Aux alentours du pôle nord, s'étend une vaste

Village esquimau de Proven. (V. page 258.

mer, un véritable océan, qui a en moyenne un rayon de dix-huit cents kilomètres au moins. Presque partout, cette mer est environnée de terre, et les abords en sont bien connus. Il ne reste plus à déterminer que ceux du Groënland septentrional et de la terre de Grinnell, qui se projettent dans les eaux boréales, sous des latitudes très-élevées.

« Le Gulf-Stream, dans sa route vers le nord, y porte les eaux chaudes des tropiques, à travers le vaste espace océanique ouvert à l'est du Spitzberg. » (L'existence de la terre François-Joseph n'était pas encore soupçonnée.)

« Ce puissant courant force en retour les eaux froides à descendre par le détroit de Davis. Il en résulte que les eaux du pôle même ne sont jamais refroidies jusqu'au point de tomber au-dessous de zéro. » (On a vu que les expériences thermométriques du capitaine Hall ont démontré précisément le contraire.)

« Cet océan étant probablement aussi profond et presque aussi large que l'Atlantique, entre l'Europe et l'Amérique, la masse énorme de ses eaux doit fournir à toute la région qu'il baigne une chaleur plus élevée que celle dont il serait doué s'il n'était ainsi réchauffé. » (Les sondages faits par le capitaine Markam sur la mer paléocrystique prouvent que l'on trouve le fond à une distance de la surface qui n'excède pas soixante-dix brasses.)

« La Providence met ainsi une barrière à l'accumulation des glaces. Elle affirme une fois de plus la grande loi de circulation qui dispense les pluies à la terre altérée, et l'humidité à l'air desséché, qui rafraîchit la température des tropiques avec l'eau froide des pôles, et réchauffe les glaces polaires avec les courants sous-marins auxquels le soleil des régions équatoriales a communiqué une partie de sa chaleur. » (La Providence, que le docteur Hayes fait parler, n'a pas dit un seul mot de tout cela. Elle ne s'est en aucune façon préoccupée des théories imaginées par des astronomes assez imprudents pour compromettre leur réputation de clairvoyance en faisant des prédictions que l'on peut vérifier.)

Nous ne suivrons pas l'auteur dans les théories à perte de vue qu'il fait découler de ces prémisses. Il démontre en effet, à la satisfaction du docteur Petermann, du baron Plana, etc., etc., comment il se fait que la banquise s'attache aux côtes de Sibérie, qu'elle franchit le détroit de Behring pour presser les rivages d'Amérique, encombrer les canaux étroits de l'archipel Parry, etc., etc.

Que dire des grands géographes de cabinet, qui avaient accepté comme argent comptant toutes ces folies, qui en avaient exagéré toutes les conclusions ? Comment dépeindre l'erreur des professeurs de l'Université de Gotha, et des fabricants de livres illustrés de Londres et de Paris, qui ont représenté l'oasis polaire comme s'ils l'avaient visitée ?

Nous allons essayer de décrire l'hivernage de

l'*Alert* au milieu de ces glaces éternelles, que les courants du fond, que les marées de la surface devaient empêcher de former, suivant les docteurs d'Allemagne et leurs admirateurs, si nombreux à Paris il y a quelques années.

XXI

LA MER DES GLACES ÉTERNELLES.

Lorsque l'*Alert* a perdu de vue la *Discovery*, le capitaine ne tarde pas à s'apercevoir que les glaces vont en augmentant de nombre et d'épaisseur, et que les éléments qui les composent sont modifiés.

L'œil exercé du physicien reconnaît le caractère qui appartient aux neiges accumulées depuis des siècles sur les hauts sommets des Andes, des Alpes ou de l'Himalaya.

C'est en face d'une formation particulière spéciale, que les marins de l'*Alert* se trouvent soudainement transportés. Il y a entre cette glace et celle de la mer de Baffin la même différence qu'entre les névés des Pyrénées et les glaciers du mont Rose ou du mont Blanc.

La surface semble se renouveler tous les ans, car elle paraît usée, corrodée par l'action d'un nombre infini d'étés.

Mais cette action dissolvante ne s'exerce que sur l'écorce d'une masse indestructible dont le volume augmente ou diminue, suivant que la chaleur des mois de jour l'emporte sur le froid des mois de nuit.

Pour exprimer ce fait surprenant d'une façon énergique, le capitaine Nares appelle mer des Glaces éternelles cet Océan toujours solidifié.

Ce nom sera certainement accepté, à moins que la reconnaissance publique ne fasse pour ce bassin polaire ce qu'on a fait pour le détroit de Davis, pour la baie d'Hudson et pour la mer de Baffin.

Les difficultés qui paralysaient la marche de l'*Alert* et de la *Discovery*, pendant la bataille du détroit de Smith, grandissent à chaque tour d'hélice.

Il faut six jours d'efforts continus pour faire soixante-dix milles, et pour arriver à 24′ au delà du 82° parallèle.

Malheureusement, le trop court été polaire n'est déjà qu'un souvenir, et l'hiver arrive brusquement, sans transition. Dans ces régions, l'automne est entièrement supprimé.

Il survient une violente tempête, le signe terrible d'un changement certain de saison, et la tourmente se termine par la chute abondante d'une neige tombant à gros flocons.

Sous peine de mort, il faut songer à l'hivernage, car l'*Alert* ne peut se laisser prendre par la glace en plein Océan.

Cependant, le capitaine Nares hésite encore, et le cri de : *Terre! terre!* est quelquefois poussé par la vigie postée dans son nid de corbeau.

S'il existe, en effet, une terre au large du cap Union, comme le capitaine Hall l'a annoncé, le devoir du commandant de l'*Alert* est tout tracé. Il doit, coûte que coûte, aborder ce continent inconnu.

C'est seulement le 11 septembre que, le ciel s'éclaircissant, les vigies peuvent reconnaître ce qui a produit leur erreur.

Vivement réfléchie sur une des nappes d'eau libres de glaces qui existent encore dans le nord, la lumière du ciel produit un étonnant mirage. On dirait dans le lointain une côte immense, découpée par des golfes profonds.

Mais, à mesure que la gelée gagne, que ces nappes d'eau deviennent plus rares, les terres s'évanouissent. Bientôt, ou plutôt lorsque le soleil reviendra, on ne trouvera plus traces du continent fantôme, de la terre du Président.

Ces révélations surprenantes sont confirmées par les observations faites avec de puissants télescopes, du haut du cap Joseph-Henry.

Dans la vaste surface d'un cercle immense de soixante-quinze kilomètres de rayon, les observateurs qui se tournent vers le nord ne voient que de la glace dans toutes les directions. Malgré eux, ils acquièrent la conviction bien arrêtée que l'*Alert* ne saura atteindre le pôle. Pourra-t-on monter à l'assaut avec d'autres moyens d'agression? Ne trouvera-t-on pas, soit à l'est, soit à l'ouest, une ligne de côtes qui fourniront les approches indispensables, suivant l'amiral russe Wrangel? Telles sont les questions qu'un avenir peut-être prochain résoudra, et sur lesquelles, plus réservé que les docteurs Kane et Hayes, le capitaine Nares s'est bien donné garde d'avoir une opinion.

Ce que l'on sait, c'est que le bassin dans lequel a hiverné l'*Alert* s'étend à perte de vue, sur une longueur de trois cents milles, le long de la terre de Grant, à l'ouest. A l'est, il baigne une longueur de plus de cent cinquante milles, qui forment la côte boréale du Groënland.

Les côtes extrêmes de la terre de Grant, comme celles du Groënland, obliquent l'une et l'autre vers le sud; mais au nord-est, le lieutenant Beaumont a aperçu une terre dans le lointain, vers le 83° degré. S'il n'a pas été le jouet d'une illusion analogue à celle du capitaine Hall, peut-être est-ce le cap méridional d'une autre terre, vers laquelle devraient se diriger les efforts de la prochaine exploration.

Peut-être cette terre polaire tient-elle au Groënland par quelque golfe encore insondé! Peut-être se rattache-t-elle à l'archipel dont les Autrichiens ont abordé les régions méridionales!

Toutes les suppositions sont possibles, car à 8° seulement de distance du pôle, les parallèles ont des dimensions excessivement faibles. Ils se rapprochent les uns des autres, comme les fuseaux des ballons dans le voisinage de la soupape. On peut imaginer encore qu'elle se rattache aux terres mystérieuses entrevues au nord de la mer de Behring, ou même prétendre qu'elle n'est qu'un fantôme, comme la terre du Président.

L'excursion du lieutenant Aldrich vers la terre de Grant, et celle du lieutenant Beaumont, ne comprennent qu'une étendue de quatre cents milles, et cependant les longitudes extrêmes sont distantes de plus de 30°.

Si les glaces ne faisaient obstacle, on ferait le tour de la terre sans employer les quarante jours nécessaires pour le héros de la pièce qui a fait courir tout Paris. Il ne faudrait guère plus de temps que pour se rendre de Berlin à Alger.

Mais les glaçons se réunissent à l'entrée du détroit de Robeson comme les voitures de Paris se tassent dans un carrefour trop fréquenté.

C'est le phénomène qui se produit tous les ans, sur une plus petite échelle, dans le nord de la mer de Baffin, car il reste, comme on le sait, aux environs du cap York, un stock de banquises qui s'y accumulent. Elles ne peuvent s'écouler toutes par le détroit de Davis, ni descendre à la fois vers les régions méridionales, où les rayons du soleil en auraient rapidement raison.

Qui sait si la grande difficulté que l'on éprouve à remonter vers le nord, entre le Groënland et le Spitzberg, ne tient pas uniquement à ce que, de ce côté, les canaux inconnus de dégorgement ont une section supérieure à celle du détroit de Smith? Ils vomissent alors un nombre infiniment plus considérable de glaçons.

C'est, en effet, la mer des Glaces éternelles qui peut être considérée comme étant le réservoir principal des banquises, que partout les navigateurs du nord ont rencontrées et qui paraissent entourer le pôle comme les cendres entourent le cratère d'un volcan.

Craignant de tomber dans des erreurs qu'une prochaine expédition ferait peut-être prendre en pitié, nous ne nous appesantirons pas sur ces hypothèses, quelque plausibles qu'elles semblent être en ce moment.

Mais il nous est impossible de ne pas remarquer que la vie semble paralysée complétement dans cet océan extraordinaire, comme elle l'est du reste au sommet des grands pics alpestres, même dans nos climats modérés.

Malgré l'exubérance des forces de la nature, les plus robustes végétations cryptogamiques ne peuvent braver des températures aussi effroyables. Les oiseaux eux-mêmes fuient ce sommet désolé, où leur vue perçante ne découvre rien à dévorer.

Comment les poissons pourraient-ils vivre dans des bas-fonds dont la température est entretenue au-dessous de la glace fondante? Ni la baleine, ni le phoque, n'osent s'y engager.

Obligé de trouver un abri contre la glace, le capitaine Nares s'adresse à la glace elle-même.

La persistance de ces amas flottants, d'une forme

si remarquable, semble indiquer que le bassin polaire a des dimensions beaucoup plus grandes que ne l'indiquent tous les canaux par lesquels il est en communication avec le midi. Ces débris éternels, ballottés par les vents, oscillent tantôt d'un côté, tantôt d'un autre, suivant les caprices de l'air, ou même, peut-être, les vicissitudes des courants. Aussi, un Nares a-t-il quelquefois plus de mal qu'un Hall à pénétrer dans l'antichambre de ce monde mystérieux.

L'*Alert* passa l'hivernage entre une baie et une banquise échouée, tellement haute, tellement à pic, qu'elle lui procure un sûr abri contre les vents du nord. Quoique placé à soixante-dix milles de la *Discovery,* il n'éprouve pas pendant tout l'hiver une température inférieure au minimum constaté à bord de l'autre bâtiment.

La baie dans laquelle se passa heureusement ce séjour si extraordinaire fut appelée la baie du Glaçon-Échoué.

Ni George Sand, ni l'auteur du *Capitaine Hatteras,* n'ont trouvé des épisodes aussi curieux. L'imagination de la nature est assez riche, assez puissante, pour mettre au défi l'imagination de tous les romanciers. Être vrai, tel est le secret du grand art de celui qui ne se laisse jamais dépasser.

Quoique nous ne voulions pas faire de théories physiques, nous ne pouvons nous empêcher de faire remarquer que les températures si épouvantablement basses de la mer des Glaces éternelles peuvent s'expliquer en supposant que le milieu céleste soit encore plus froid. Car, privées de la chaleur du soleil pendant trois et quatre mois, les régions voisines du pôle ont le temps de se mettre en équilibre thermique avec l'espace infini qui nous entoure et de prendre une température pareille à celle que la nature lui a donnée.

La masse atmosphérique que la force centrifuge accumule à l'équateur est sans doute peu épaisse au pôle; elle n'y est plus qu'un obstacle insuffisant pour s'opposer à cet effrayant rayonnement. L'absence de nuages vient encore rendre plus terrible le refroidissement implacable que le climat infernal du milieu céleste y produit inévitablement.

Cependant, avant de formuler une opinion définitive sur ces intéressants mystères, attendons le moment où les mystères du pôle nord auront été sondés. Tâchons de faire la propagande en faveur de la grande croisade scientifique du dix-neuvième siècle autrement qu'en présentant comme des vérités les rêves de notre imagination.

XXII

L'HIVERNAGE.

Le capitaine Nares avait commencé sa carrière maritime dans les mers polaires; il était midshipman à bord du *Resolute,* un des vaisseaux de la flotte de l'amiral Belcher, précisément celui qui, délaissé dans le canal Melville, fut retrouvé par des baleiniers américains, flottant à l'aventure près du cap Mercy. Il se rappelait encore l'abandon de l'*Assistance,* du *Pionnier,* de l'*Intrépide,* et l'histoire extraordinaire, invraisemblable, du navire dans lequel il faisait ses premières armes maritimes. Il n'avait pas oublié cette brillante campagne, commencée comme une campagne d'Austerlitz, et terminée comme une retraite de la Bérézina. L'ancien capitaine du *Challenger* avait juré qu'il n'imiterait jamais son ancien amiral, et qu'il ne reviendrait jamais en Angleterre après avoir laissé dans les mers polaires un des bâtiments dont le commandement lui avait été confié.

Aussi, les précautions les plus minutieuses ont été prises pour échapper aux dangers d'un séjour prolongé dans un pays où le ciel, la terre et la mer semblent s'unir pour écraser ceux qui cherchent à l'explorer.

Aussitôt que l'*Alert* fut ancré dans ce singulier port, formé à moitié par de la glace, à moitié par les falaises glacées, on commença à faire les préparatifs de l'hivernage. Comme il était prudent de prendre des précautions contre tout événement, on débarqua six mois de vivres. En même temps, on songea à consolider la banquise. Dès que la neige qui sert de ciment fut devenue suffisamment dure pour faire concurrence au béton, on construisit une sorte de retranchement de quinze pieds de hauteur.

En prenant une forme solide, l'eau augmente sensiblement de volume; elle perd encore une portion notable de la faible conductibilité qu'elle possède à la température ordinaire. Un bloc de glace retient plus efficacement la chaleur qu'un bloc de pierre de même volume. Cette propriété fondamentale n'a pas échappé à l'instinct des Esquimaux, qui excellent dans l'art de construire des huttes de neige, ou plutôt de les improviser. S'ils n'avaient imité cette architecture extraordinaire, les Européens auraient bien des fois succombé aux premiers froids. Nous avons cité un grand nombre d'exemples pour faire comprendre l'importance de cette curieuse propriété.

La neige a été souvent le seul abri du naufragé contre la gelée. Les marins du *Polaris* n'ont pas eu d'autre toit pendant le temps que leur banquise flottante a dérivé. C'est sous ces huttes de neige que, partant de l'île de Littleton à l'embouchure même du détroit de Smith, ils sont parvenus jusqu'aux côtes du Labrador, comme on l'a vu dans un chapitre précédent; mais ce salut est toujours acheté bien cher.

Si l'organisme humain trouve quelque chaleur sous ces réduits incommodes, c'est parce que le malheureux, tapi dans cette tanière, renonce à toutes les jouissances de la vie civilisée.

Telle ne pouvait être l'intention des marins de l'*Alert* et de la *Discovery*, car le chauffage des bâtiments du capitaine Nares avait été établi avec un soin merveilleux. Ces deux bâtiments possédaient un système de chauffage que l'on eût vainement cherché à établir, non pas dans des huttes temporaires, mais dans des cabanes permanentes en bois.

Aussi, le capitaine Nares, trouvant très-habilement le moyen de profiter des remarques qu'il avait faites dans son premier voyage polaire, avait-il donné ordre de recouvrir le pont de l'*Alert* de deux pieds de neige, excellent tapis qui empêchait l'antichambre et l'entre-pont d'être envahis par un froid trop vif. Le second pont, dans lequel s'étaient réfugiés l'équipage ainsi que les officiers, était encore bien plus complétement garanti.

Les chiens, à leur grand déplaisir, car ces pauvres animaux ne sont pas habitués à un froid aussi dur, avaient été consignés à la porte. On ne leur donnait même la ration, consistant en deux livres de viande conservée, que lorsque l'on était sur le point de les employer dans une expédition en traîneau.

Le docteur de l'*Alert* organisa un système complet de ventilation, indispensable pour la santé de l'équipage. Il avait de plus rempli une condition souvent négligée dans nos climats, où elle n'est jamais aussi nécessaire. On n'introduisait l'air du dehors l'avoir préalablement échauffé.

La chimie et la physique permettaient à cet habile officier de s'assurer que deux problèmes essentiels avaient été résolus d'une façon complète. Des thermomètres suspendus aux bordages indiquaient la température de l'air, des réactifs sensibles décelaient la quantité d'acide carbonique dont il se trouvait surchargé.

Le succès de ces précautions exceptionnelles fut plus complet qu'on n'avait osé l'espérer.

L'équipage vivait dans un milieu presque constamment maintenu à 8° centigrades, pendant que la température de l'air extérieur était de 58° au-dessous de zéro.

Quelquefois, pendant les heures réservées au sommeil, on laissait tomber les feux afin d'économiser le charbon. Sans aucune espèce d'inconvénients, tant les couvertures étaient chaudes, la température descendait à un petit nombre de degrés centigrades au-dessous de zéro.

Mais la vie en serre chaude offrait des inconvénients imprévus, lorsqu'on allait en plein air braver

Cap Limestone, décrit par le capitaine Nares. (V. page 254.)

le climat polaire auquel on s'était si bien soustrait.

Lorsque l'on passait du second pont en plein air, le changement de température était si brusque, que l'on en éprouvait une véritable souffrance. Malgré toutes les couvertures et tous les cache-nez, une différence de plus de 60° centigrades eût pu entraîner de grands inconvénients. L'entre-pont servait donc en quelque sorte d'écluse thermique, et les marins avaient ordre de s'y arrêter pendant quelque temps avant d'affronter le grand froid du dehors.

L'entre-pont servait aussi de vestiaire et d'anti-chambre, pour se débarrasser de la neige qui s'atta-chait aux vêtements des excursionistes, et qui, conser-vant sa température extraordinairement basse, eût, avant de se fondre, refroidi l'air du second pont.

Une station dans ce purgatoire était également nécessaire pour que les arrivants n'éprouvassent pas de congestion en entrant dans le lieu d'habi-tation.

Pendant que l'on se mettait en équilibre, un éternel sujet d'étonnement, c'était la richesse et la variété des formes de la neige.

Un album entier a été dessiné pour conserver le souvenir de ces brillantes arabesques.

L'odorat des marins, qui vivaient ainsi renfermés en serre chaude, n'était affecté par aucune de ces senteurs puantes, inévitables dans les cabanes de neige, et dont les Esquimaux eux-mêmes finissent par se trouver incommodés.

Le moral des matelots ne fut pas, conformément au plan que nous avons analysé, moins soigneusement protégé contre le spleen polaire.

On ouvrit un théâtre, le *Royal Arctic,* sous la direction du capitaine Markham et de plusieurs autres hyperboréens. L'imprimerie du bord publia des programmes détaillés, pour la cérémonie d'inauguration, qui eut lieu le 18 novembre, à huit heures du soir.

Quoique ces mots n'aient plus aucun sens quand la nuit éternelle a commencé, tous les navigateurs les ont retenus comme indispensables, pour rompre la monotonie d'heures que rien ne différencie.

Les représentations, auxquelles prenaient part avec entrain les officiers, et en particulier le capitaine Markham, étaient accompagnées d'un orchestre qui donnait quelquefois des concerts extraordinairement animés.

Quant au répertoire de la troupe recrutée dans des circonstances si extraordinaires, il laissait beaucoup à désirer. Il ne se composait que de farces grossières, analogues à celles dont se régalent les matelots dans les bouges musicaux et dramatiques des ports de mer.

L'habitude de ces représentations scéniques date de très-loin dans les expéditions anglaises au pôle nord. Le capitaine Nares, lorsqu'il était sous les ordres de Kellet, dans le canal de Melville, jouait le rôle de lady Clara; l'amiral Sherard Osborne avait été directeur des concerts philharmoniques à bord du

Pionnier; l'amiral Ommaney fut également impre-
sario ; le général Édouard Sabine remplit dans le temps
de son voyage à l'île du Pendule le rôle de Mimikin
dans le *Bon Ton*.

Presque toujours imparfaitement comprises, excepté lorsqu'elles avaient trait à la situation de
l'expédition, les conférences fournissaient une distraction d'un genre plus relevé. Mais une école ré-
gimentaire à l'usage des matelots était bien autrement utile. Il n'en est aucun qui n'ait gagné quelque
chose à la réclusion complète au sein d'un froid si
terrible. Il en est qui, partis illettrés d'Angleterre,
sont revenus du pôle sachant lire, écrire et calculer.
La nuit matérielle, dans laquelle ils ont été enveloppés pendant près de quatre mois, a été la lumière
pour leur esprit.

A bord de la *Discovery*, le capitaine Stephenson
imita, avec quelques variantes peu importantes, les
mesures que nous venons de résumer.

La première fête de l'hiver fut célébrée le 17 octobre. Les hautes montagnes, de plus de mille mètres
d'élévation, qui entourent la baie de la Discovery du
côté du couchant, restèrent longtemps teintes de
reflets rouge et or. C'étaient les poétiques adieux
du soleil qui disparaissait. Le capitaine Stephenson
fit servir un verre de grog aux hommes qui entrèrent
gaiement dans la grande nuit.

Le 5 novembre, l'équipage se rendit solennellement sur les glaces, pour brûler processionnelle-

ment un mannequin représentant Guy Faukes. Dans ces régions, où la majesté divine trône au-dessus des divisions des hommes, les passions religieuses d'un autre siècle se sont donc trouvées représentées !

Cette cérémonie burlesque autant qu'importune fut accompagnée d'un feu d'artifice qui, répercuté par les glaces, produisit un effet magique. On eût dit que les feux de Bengale du fanatisme avaient réveillé les gnomes et les spectres, les vampires et les esprits des tombes, seuls habitants de ces régions désolées.

Un officier veut compléter ces réjouissances en faisant partir une montgolfière. Mais le premier globe aérostatique que l'on essaye de lancer dans l'air du pôle refuse de quitter cette terre glacée. Les chroniqueurs de l'hivernage de la *Discovery* prétendent que la faute en est au froid, qui a bon dos, à pareille latitude. Mais notre expérience d'aéronaute nous oblige à dire que c'est sans doute faute d'exercices préalables que cette opération a manqué.

Le gonflement d'une montgolfière, même de dimensions médiocres, est une opération qui est plus compliquée qu'on ne le pense, surtout lorsque la vitesse du refroidissement est considérable. La rapidité du gonflement doit être plus grande, la flamme plus vive et mieux nourrie. Le succès exige impérieusement des précautions qui ne sont qu'un jeu pour un habile praticien, mais qui ne se devinent pas sur les rives de la grande mer polaire. Car si le feu est loin d'avoir perdu le pouvoir de dilater l'air, les mouvements de l'opérateur qui met en œuvre l'élément de Vulcain sont sensiblement gênés par le froid.

La *Discovery* eut son théâtre comme l'*Alert;* mais, au lieu d'être installé à bord, il fut construit en neige, à la façon des habitations des Esquimaux. On lui donna des dimensions considérables : il avait vingt-sept pieds de large sur soixante pieds de long. Rien n'y manquait. Il y avait une scène, une rampe fumeuse garnie de quinquets, et même un foyer.

Mais le répertoire ne fut pas mieux choisi que celui du *Royal Arctic,* son rival.

On l'inaugura le 1er décembre, jour de la fête de la princesse de Galles, et, en l'honneur de cette circonstance, on le nomma théâtre Alexandra.

La neige, doublée avec la toile que fournissaient en abondance les sacs à charbon, servit à construire des bâtiments plus utiles; d'abord une forge, puis un observatoire magnétique, où les variations de l'aiguille aimantée furent étudiées avec le plus grand soin. La déclinaison et l'inclinaison, ainsi que l'intensité absolue, furent également observées à l'aide des instruments les plus perfectionnés. On fit osciller, comme à l'observatoire de Greenwich, le barreau aimanté suspendu à un double fil de soie, en face d'une mire graduée.

Une lunette, montrant sur un miroir le nombre qui y est réfléchi, donnait la position du barreau avec toute la précision habituelle dans les grands observatoires d'Europe. Contrairement à un préjugé excessivement répandu, on s'aperçut que, par les températures les plus basses, il est possible de toucher les métaux sans danger.

Les thermomètres à maxima et à minima furent exposés de la même manière que dans les grands observatoires météorologiques d'Angleterre. Non content de prendre la température du sol, on déterminait celle de l'air à l'aide d'un observatoire où l'on grimpait à l'aide d'une échelle ; la chaleur de la terre, celle de la mer, et la hauteur des marées, furent également enregistrées. Ce dernier point est de la plus haute importance pour la théorie générale des mouvements des fluides à la surface de notre globe.

Le capitaine Stephenson s'était préoccupé vivement d'entretenir la santé des équipages, en leur permettant de prendre quelque exercice, tous les jours où le temps le permettrait.

En conséquence, on avait nivelé tout autour des navires un magnifique chemin circulaire de plus d'un mille de développement. Les marins, ayant leur *skating-rink* sur une immense échelle, étaient dans une situation merveilleuse. Nous ne chercherons pas à décrire leurs ébats, de crainte de faire venir la glace à la bouche des fashionables, membres du Club des Patineurs de Londres et de Paris.

Comme dans toutes les expéditions arctiques qui ont eu lieu jusqu'à ce jour, les marins se préoccupaient du soin de choisir, pour fondre à la cuisine, une excellente glace d'eau douce, que l'on allait chercher assez loin. Cette opération devint un travail pénible pendant la période terrible des froids rigoureux, lorsque le thermomètre à mercure resta gelé pendant toute une lunaison.

On peut dire que l'art de travailler la glace, de la creuser, d'y tailler des routes et des sentiers, a été p ussé beaucoup plus loin par l'expédition du capitaine Nares que par aucune de celles qui l'ont précédée. Mais la neige a tiré une vengeance cruelle des intrépides marins qui avaient réalisé ce grand progrès. En effet, dès que les rayons d'un soleil de printemps eurent fait fondre le manteau blanc qui recouvrait la terre, on reconnut que la *Discovery* avait passé l'hiver à quelques encablures de deux couches inépuisables d'excellent charbon.

Les bœufs musqués, dont on croyait la race presque éteinte, au moins au Groënland, furent assez nombreux autour de la baie de la Discovery. Outre le troupeau de onze animaux que l'on tua le jour de l'arrivée dans ce port, on en aperçut une quarantaine; presque tous, grâce au coup d'œil du mécanicien en chef, vinrent améliorer l'ordinaire des officiers et des matelots.

La Noël fut célébrée en grande cérémonie par une mascarade en règle. Un sergent d'infanterie de marine et trois matelots parcoururent le vaisseau en chantant des couplets de circonstance. Bien entendu,

ils n'oublièrent point de commencer par s'arrêter
devant la cabine du capitaine Stephenson.

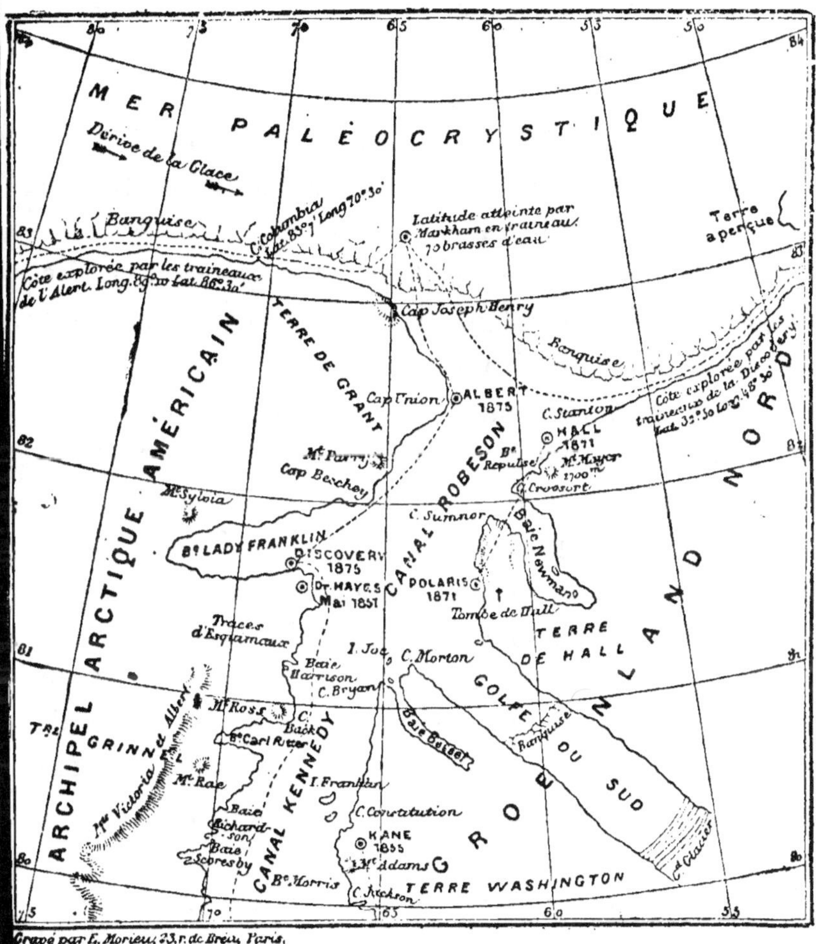

Gravé par E. Morieu, 23, r. de Breu, Paris.

Itinéraire de l'expédition du capitaine Nares.

Après la parade grotesque, on pensa au ciel, et
l'on récita les prières de l'Église établie.

Alors eut lieu le banquet de l'équipage dans

l'entre-pont, qui avait été garni d'étoffes et de broderies. Les officiers passèrent l'inspection, goûtèrent le pudding traditionnel, sans lequel il n'y a pas de Noël pour un véritable Anglais.

Un grand nombre de personnes, prévoyant cette cérémonie, avaient envoyé directement au capitaine des boîtes renfermant les présents qu'ils destinaient à leurs amis. Ces objets avaient été mis soigneusement de côté, depuis le départ d'Angleterre. M. Stephenson en fit solennellement la distribution avec une gravité toute britannique.

Des applaudissements énergiques étaient la récompense des donataires qui s'étaient montrés intelligents ou généreux.

A bord de l'*Alert*, la Noël se célébra de même avec quelques variantes. On forma un chœur pour chanter le *roastbeef* de la vieille Angleterre. On ajouta à cette antienne des couplets de circonstance, que les journalistes d'outre-Manche ont recueillis; mais ces poésies arctiques ne nous paraissent pas, malgré l'excellente intention des auteurs, mériter l'honneur de passer le détroit.

Les aurores boréales ont été excessivement rares, et, ce qui surprendra peut-être au premier abord, elles ne se sont montrées que vers le midi. Mais on sait qu'elles se produisent autour du pôle magnétique de la terre, qui, placé dans les parties méridionales de l'archipel arctique, se trouve déjà beaucoup plus au sud que le lieu d'hivernage de l'*Alert* et de la *Discovery*. Ce qui est plus extraordinaire et plus inattendu, c'est que les observateurs ne purent trouver aucune liaison entre les apparitions de ces effluves merveilleuses et les perturbations de l'aiguille aimantée.

L'électricité de l'air ne fut pas oubliée, et on l'étudia avec l'appareil portatif de Thompson, instrument compliqué, dont on ne sait se servir que dans les observatoires météorologiques les plus perfectionnés.

Il n'entre pas dans le plan de cet ouvrage de discuter les observations scientifiques. Cependant, nous ne pouvons nous empêcher de faire quelques remarques sur les basses températures observées. L'*Alert* éprouva, comme nous l'avons déjà dit, 60° centigrades de froid. En ce moment, le thermomètre de la *Discovery* marquait 58°. Le docteur Kane, à Renselaer Harbour, à l'entrée du détroit de Smith, n'avait eu, en 1854, que 50°.

Pendant sept jours consécutifs, la moyenne de l'*Alert* ne fut que de 0°,3 au-dessous de celle de la *Discovery;* elle descendit à 50°, c'est-à-dire au froid excessif que Kane n'avait éprouvé que pendant quelques instants.

En faisant vers le pôle un chemin de trois cent soixante milles, on a trouvé une température plus basse de 6° centigrades, si l'on se rapporte aux chiffres observés par Beelcher dans le Northumberland Sound.

Si la même progression se maintenait jusqu'au sommet de l'axe du monde, la température moyenne du pôle devrait donc être d'environ 56°, ce qui pourrait faire admettre que le thermomètre y descend quelquefois à 70° de froid.

Les mesures ont été prises avec un thermomètre à alcool, car le mercure est resté gelé dans des périodes excessivement prolongées, plus longues à bord de l'*Alert* qu'à bord de la *Discovery*.

Le navire, hivernant sur les bords de la mer des Glaces éternelles, eut, en février, le mercure gelé pendant quinze jours consécutifs. Une tempête du sud-ouest, qui dura quatre jours, amena un temps plus chaud. Mais le froid reprit bientôt, et le mercure resta figé pendant une nouvelle période de quinze jours.

Sans afficher l'intention de faire des théories scientifiques qui seraient fort déplacées en ce moment, il nous sera permis de citer quelques coïncidences remarquables, que le rapport du capitaine Nares nous permet de signaler.

A Paris, les froids ont pris le 5 février, et ont été interrompus le 14, par une tempête du sud-ouest, qui a produit un dégel rapide. C'est cette effluve de vent impétueux qui a été réchauffer les compagnons de Nares jusque sur les bords de l'Océan immobilisé, où la bise qui nous avait glacés avait pris naissance.

Les vents du nord, qui ont amené la recrudescence de froid sur les bords de la mer des Glaces éternelles, n'ont pas pénétré jusqu'à nous. Mais les déluges qui ont jusqu'à un certain point compromis la sécurité de la capitale ont été produits dans notre haute atmosphère par le courant d'air polaire dont le capitaine Nares n'a pas été seul à sentir les terribles effets. Sur le sommet du pic du Midi, le général Nansouty a également été atteint par son redoutable contact.

XXIII

Avant que la *Discovery* eût pris ses quartiers d'hiver, le capitaine Nares lui fit faire une pointe vers la baie du Polaris, pour débarquer un dépôt de deux cent quarante rations destiné aux explorateurs qui seraient expédiés de ce côté.

Le 30 août, l'*Alert,* après avoir quitté la *Discovery,* déposa à son tour mille rations sur la rive occidentale du détroit de Robeson, à l'embouchure de la baie de Lincoln.

Aussitôt que les premières neiges apparurent, le capitaine Nares comprit que les dangers réels et sérieux commençaient. Aussi met-il à terre deux expéditions pour explorer la côte; en même temps, il fait débarquer un dépôt considérable de vivres. Dans le cas où un accident, toujours imminent, arriverait au navire, l'équipage pourrait utiliser ses propres ressources sans vider les soutes de la *Disco-very,* avec laquelle, du reste, les communications ne tardèrent pas à être interrompues.

Après avoir établi ses réserves en cas de sinistre,

le capitaine Nares songe à profiter des derniers jours pour préparer la campagne du printemps.

Les expéditions d'automne réussirent à établir des dépôts jusqu'au delà du cap Joseph-Henry, mais au prix des plus terribles souffrances.

Sur vingt et un hommes commandés par trois officiers, le docteur eut à soigner huit congélations très-graves, et, parmi ces huit blessures, trois nécessitèrent une amputation.

Ces trois premières victimes du froid restèrent en traitement pendant tout l'hiver, et ne purent quitter leur lit qu'au printemps.

La température, qui oscillait rapidement entre 8° et 30°, produisait des souffrances d'autant plus vives qu'on devait suivre une glace jeune à peine formée, et qu'il fallait des efforts incroyables pour hisser les traîneaux le long des pentes de neige. Cette manœuvre horrible était indispensable, chaque fois que la *glace de pied* se trouvait interrompue ou brisée. (Voy. fig. page 349.)

Quoique terrible, la fatigue n'aurait pas eu des conséquences si funestes si la glace n'eût pas été souvent humectée par l'eau que la neige avait garantie de la gelée, et qui était restée liquide. C'est seulement après avoir dressé la tente que les hommes s'apercevaient, mais trop tard, des arrêts de circulation dont leurs extrémités inférieures étaient frappées. Tous les efforts pour y rappeler la vie étaient impuissants.

En outre, il arrivait souvent aux officiers et aux matelots de tomber à l'eau. Quatre fois les traîneaux et leur chargement éprouvent le même sort ; ils ne peuvent être retirés qu'avec les plus grandes difficultés.

Tel était l'excessive humidité de l'air, que le poids de la tente se trouvait énorme en arrivant à bord de l'*Alert*. Aussi les souffrances physiques, redoublées par un vent d'une violence inouïe, étaient pires que celles qui attendent ordinairement les voyageurs du pôle nord, quand le froid le plus intense est leur seul ennemi.

On s'aperçut également que les traîneaux étaient trop rigides. Ils ne pouvaient supporter sans se briser les chocs terribles auxquels ils étaient fatalement exposés. Ces accidents suggérèrent un perfectionnement aussi simple qu'efficace. Il suffit d'enlever les chevilles métalliques servant aux assemblages et de les remplacer par des cordes de cuir. On fut débarrassé de la sorte de toute espèce de rupture et des longs arrêts qui en étaient la conséquence forcée.

Le soleil ne reparut que le 1ᵉʳ mars, et l'on commença immédiatement à faire les préparatifs pour la campagne du printemps.

L'objet le plus essentiel était d'aller porter au capitaine Stephenson l'ordre d'explorer la côte du Groënland.

L'expédition se composait d'un officier de l'*Alert*, du lieutenant Rawson, qui, un peu avant la Noël, était parvenu à joindre le capitaine Nares avec une lettre du capitaine Stephenson; de Christian Petersen, l'interprète danois, et de plusieurs matelots. Le lieutenant Rawson connaissait la route, et tout semblait devoir marcher à souhait.

Mais dès le second jour de marche, Petersen tombe malade. Vainement on essaye de le réchauffer en lui creusant une hutte dans la neige, en accumulant sur lui les vêtements, et même en se couchant à ses côtés.

Tous les efforts sont inutiles. On est obligé de mettre le malheureux sur le traîneau et de le ramener à bord de l'*Alert*.

Il y arrive avec les pieds gelés. Une double amputation est nécessaire. Malgré les soins les plus empressés, il ne peut supporter une opération aussi cruelle. Il meurt en recommandant sa femme et ses enfants à la générosité du gouvernement de Sa Majesté Britannique.

L'enterrement de ce malheureux martyr du climat a lieu avec la solennité grave de l'Église luthérienne à laquelle il appartenait. C'était un triste prélude des épreuves auxquelles on allait être condamné.

Le 20 mars, MM. Egerton et Rawson, remis de leurs fatigues, profitèrent d'un beau jour clair, et partirent de nouveau pour la *Discovery*, qui ne fut atteinte que le 26 ; il avait fallu lutter avec un courage intrépide pendant six jours pour faire soixante-dix milles, moins de la distance de Paris à Rouen.

17.

Le 3 avril fut le jour de départ des deux grandes expéditions qui devaient si glorieusement couronner l'édifice des travaux de la flottille polaire.

Sept traîneaux et cinquante-trois hommes quittèrent à la fois la *Discovery* pour se disperser dans trois directions différentes. Jamais, même du temps de l'incomparable Parry, navire arctique n'avait fourni un pareil essaim d'hommes intrépides et choisis.

Le capitaine Markham, qui se dirigeait vers le nord, avait des vivres pour soixante-dix jours et deux bateaux suffisants pour tenter une longue navigation. Dans le cas où la bonne fortune de l'intrépide officier le conduirait sur les bords d'un bras de mer, il était à même de profiter de cette heureuse chance pour mettre le cap vers le pôle.

Le lendemain du jour où tant de braves explorateurs s'étaient lancés dans les glaces, MM. Egerton et Rawson rapportèrent d'excellentes nouvelles de la *Discovery*. On apprit que la chasse avait été magnifique et que les expéditions allaient commencer. Mais les courageux messagers qui avaient apporté ce bon message avaient tellement souffert eux-mêmes du froid, qu'ils avaient le nez et les oreilles presque définitivement gelés.

Trois jours après, un des traîneaux de réserve du capitaine Markham revenait à bord, ramenant un malheureux matelot atteint de congélation. Les explorateurs en marche pour la conquête du pôle étaient pleins d'ardeur, mais leurs souffrances étaient en proportion avec le froid aigu auquel ils avaient été exposés. A deux reprises les voyageurs qui cherchaient à pénétrer dans cet enfer glacé constataient une température de 47°.

De temps à autre on rencontrait des champs de glace, dont le niveau général dépassait de cinq à six pieds celui de la banquise. Mais ces espèces de plateaux n'avaient pas plus d'un mille de largeur. En outre, on ne pouvait y cheminer sans avoir à lutter contre des difficultés d'un genre imprévu.

Car leur surface était semblable à celle d'une moraine sur laquelle un glacier aurait vomi des blocs de vingt à trente pieds de hauteur, quelquefois distribués d'une façon irrégulière, quelquefois disposés en longues chaînes.

Les creux séparant ces masses, dont le sommet paraissait teint en bleu, étaient remplis par des couches de neige que le vent avait accumulées.

On aurait dit les flots d'un océan soudainement solidifiés par le froid.

Ces banquises immobilisées forment un tout homogène. Elles sont séparées par des blocs énormes, provenant de vieilles banquises démembrées. La voie qui mène au pôle est alors barricadée avec des pavés de quarante à cinquante pieds.

Puis viennent des pentes roides formées avec de la neige tassée et accumulée pendant les mois terribles qui viennent de s'écouler. Le vent, qui souffle toujours de l'ouest quand la neige tombe, a accumulé ces talus dans une direction perpendiculaire à la route que suivent les vaillants matelots égarés dans ces régions prodigieuses. Ce qui faciliterait leur tâche, s'ils suivaient la côte de la terre de Grant ou même celle du Groënland, n'est qu'un obstacle, un embarras inextricable.

Le capitaine Markham avait eu le loisir d'inspecter la mer des Glaces éternelles du haut du nid de corbeau de l'*Alert* et de l'observatoire du cap Joseph-Henri. Aussi n'avait-il pris avec lui que des volontaires et des hommes déterminés.

Quels services eussent pu rendre les meilleurs attelages de chiens! Au milieu d'un chaos produit non par le feu comme celui de Laplace, mais par un froid éternel, il n'y a que l'intelligence et la raison qui puissent donner le salut. C'est la hache à la main qu'il faut frayer sa route, comme au milieu des forêts vierges encombrées de lianes, d'arbres vivants et de troncs abattus par les vents. Mais le bloc de glace que mille hivers ont respecté est plus difficile à vaincre que la tige séculaire. Les neiges mille fois entamées par le soleil, mille fois durcies par la gelée de la grande nuit, font feu sous l'acier. Le fil terrible s'ébrèche plus souvent que si le pic avait à triompher d'un rocher.

L'expédition, partie le 3 avril, arrive le 11 mai à soixante-trois milles de l'*Alert*. Jamais les deux traîneaux n'ont pu voyager de conserve.

Hivernage de l'*Alert*. (V. page 277.)

C'est lorsque les deux équipages parviennent à pousser le premier, qu'ils reviennent sur leurs pas pour chercher le second, et le pousser à son tour.

Aussi, en comptant les détours qu'ils ont été obligés de prendre, on trouve un chemin de deux cent soixante-seize milles. Développée en ligne droite vers le nord, cette route les mènerait presque en vue du pôle.

Étrange analogie avec le destin de Parry ! Quoique le couvercle de la mer de glace soit solidement échoué, radicalement immobilisé, le résultat est le même que si le chemin fuyait sous les pieds des intrépides voyageurs. (Voy. fig. page 337.)

C'est à quatre cents milles du pôle que le capitaine Markham se décide à renoncer à une entreprise tentée en désespoir de cause et sans espérance de succès.

Le yacht britannique est planté sur un glaçon plus élevé que les autres et salué de vigoureux hourras !

Est-ce à dire que l'homme est parvenu à toucher les colonnes d'Hercule, et que l'on ne franchira jamais la distance qui reste encore à sonder ?

Les esprits pusillanimes qui s'attacheraient à cette opinion seraient plus à plaindre que les enthousiastes de la mer libre, ceux qui déployaient l'étendard étoilé pour saluer le mirage d'une chimérique Polymnie.

On ne peut mieux faire dans les mêmes circonstances, avec les mêmes moyens d'action, que le capitaine Markham et ses vaillants compagnons.

Leurs successeurs les vengeront contre les critiques que des jaloux ont dirigées contre eux. Car ce ne sont pas ceux qui ont essayé de monter plus haut qui leur ont jeté la première pierre.

Le retour de l'expédition engagée au milieu de ce chaos glacé offrait d'incroyables difficultés. Les braves marins qui avaient tenté cet exploit étaient épuisés par plus d'un mois de souffrances et de fatigues d'un genre imprévu.

Malgré les sacs fourrés dans lesquels les explorateurs se plaçaient pour passer la nuit, et l'excellente construction de la tente, la neige ne peut être un doux oreiller pour reposer la tête.

L'absence absolue de viande fraîche engendrant le scorbut, les indispositions les plus légères étaient envenimées par cette horrible maladie ; les malheureux qui étaient attaqués ne pouvaient trouver dans des repas pris sans appétit, avec répugnance, les éléments d'une active combustion circulatoire. Serrés les uns contre les autres sous leur précaire abri, ils se communiquaient mutuellement cette maladie contagieuse au plus haut degré.

Le 8 juin au soir, on voit arriver à bord de l'*Alert* un homme seul, épuisé, à moitié gelé, haletant, défait. On reconnaît le lieutenant Parr, le second du capitaine Markham.

Il apporte une terrible nouvelle. A force de persévérance, le capitaine Markham est parvenu à traîner les malades jusqu'au cap Joseph-Henry. Il y a établi un campement derrière un rocher abrité contre les vents, espérant que le repos rendra quelques forces aux malades. Mais chaque jour qui s'écoule ajoute aux ravages du scorbut et au sombre désespoir qui l'accompagne fatalement; le nombre des malheureux qu'il faudra traîner jusqu'à l'*Alert* augmente; celui des matelots valides diminue impitoyablement dans la même proportion.

Il était temps de prendre un parti héroïque. Le lieutenant Parr se dévoue; il ira seul, isolé dans ces solitudes mortelles, querir l'aide de ses vaillants compagnons restés à bord de l'*Alert*.

Le brave lieutenant n'a d'autre appui que son bâton ferré, d'autre secours que quelques provisions dont il s'est muni.

Il sait que le salut de l'expédition est attaché à sa prompte arrivée. Aussi a-t-il l'instinct sublime, incroyable, d'éviter tous les gouffres dans lesquels, s'il fait un faux pas, il sera précipité. Profitant de ce que le soleil ne descend pas au-dessous de l'horizon, il ne s'arrête pas pour prendre une heure de sommeil dont il a besoin, mais qui coûtera peut-être la vie à ceux qui attendent. Parti le 7 au soir, il arrive à bord de l'*Alert* le 8, à huit heures du soir. Vingt-quatre heures lui ont suffi pour faire trente milles.

Pendant qu'il se repose, on fait à la hâte les préparatifs. A minuit, au moment où le soleil passe au méridien inférieur, le capitaine Markham avec la majeure partie de son état-major quitte l'*Alert*. Ce

sont les officiers qui vont sauver les matelots et prennent place aux cordes pour tirer le traîneau. Un trai-
neau léger attelé par des chiens est chargé de médi-
caments ; deux officiers s'y attachent également.

Cinquante heures après le départ du lieutenant
Parr, le médecin et la pharmacie arrivaient. On venait
d'enterrer dans la glace un malheureux matelot, le
premier qui ait succombé.

Ses camarades, se croyant abandonnés, enviaient
son sort ; ils se demandaient secrètement si l'on pourrait leur rendre à eux-mêmes les derniers devoirs
comme à celui qui avait expiré.

L'arrivée du secours inattendu produit l'effet d'un
coup de théâtre, d'un changement à vue. Leur joie
ne connaît plus de bornes, quand ils apprennent
qu'un traîneau de secours leur apportera dans quelques heures les vivres et le charbon.

Ce n'est que le 14 au matin que l'on peut arriver à
bord du navire sauveur.

Le premier acte est de rendre grâces à Dieu de
cette miraculeuse délivrance ; car, sur dix-sept personnes qui ont pris part à l'assaut du pôle, deux seulement ont échappé à toutes les atteintes du mal :
ce sont les deux officiers. Y compris M. Markham
et le lieutenant Parr, il n'y a que cinq personnes qui
soient capables de s'atteler aux cordes. Onze malades revenaient à bord hors d'état de bouger. Les
soins habiles du chirurgien les remirent tous sur
pied. Il n'en fut pas malheureusement de même

dans les expéditions des traîneaux, et il nous reste d'autres tragédies à raconter.

Le capitaine Markham avait eu l'idée de pratiquer des sondages dans la glace, afin de déterminer son épaisseur et la profondeur de l'eau. On s'attendait à trouver une banquise d'une épaisseur inouïe, mais non à reconnaître que cette énorme calotte glacée flottait sur un océan qui n'avait pas plus de soixante-dix brasses de profondeur.

Un fond trouvé à soixante-dix brasses, lorsque la terre la plus voisine est à soixante-dix milles de distance, n'est-ce pas un indice que le bassin polaire ne s'étend pas jusqu'au pôle? Les indications du lieutenant Beaumont, qui prétend avoir vu la terre à l'est de la pointe la plus éloignée du Groënland, ne paraissent-elles pas confirmer cette théorie?

Des observations intéressantes semblent même établir que le niveau des terres polaires est en train de s'exhausser lentement par l'action de forces souterraines. On est conduit à admettre, autre mystère de la nature, que sous ces glaces éternelles le feu est en travail constant.

En effet, on a trouvé dans des lacs aujourd'hui perdus à cent cinquante mètres du rivage, et où les flots ne peuvent jamais pénétrer dans l'âge contemporain, des morceaux de bois pourris. Ces bois ne sont pas originaires d'une contrée stérile, ils ont été charriés il y a des siècles par un courant qui, comme aujourd'hui, venait de l'ouest. En effet, à deux ou trois milles du rivage, des matelots ont pêché des branches d'arbres revêtues de leur écorce et arrivant d'une contrée lointaine.

La continuité de la présence des rayons solaires contre-balance une partie de la perte de force thermique, résultant de leur obliquité. Ainsi, le 21 juin, le thermomètre à boule noircie marquait plus de 30° centigrades. Mais il ne suffit pas de quelques semaines d'insolation pour débarrasser la terre de son manteau séculaire, car en même temps la chaleur de l'air n'était que de 1° centigrade à l'ombre. La surface du sol était encore gelée. A la fin de juillet, les torrents des montagnes cessaient déjà de couler.

Par une contradiction qui paraît bizarre au premier abord, et qui ne tient qu'à ce manque de conductibilité, la température d'un thermomètre plongé à deux pieds dans le sol ne descend, au milieu des plus grands froids de l'hiver, qu'à 25°. Mais à la fin de juillet, le sol est encore gelé à cette profondeur. Le thermomètre marque 2° centigrades au-dessous de zéro.

Hélas! on sent bien que l'on ne s'approche point de la mystérieuse Polymnie, de cet Éden que des mathématiciens romanciers et des romanciers amateurs de formules algébriques peuplaient à la fois de plantes et d'animaux.

Si l'on était condamné à adopter une théorie fantaisiste, je repousserais donc celle qui a été si longtemps en faveur dans les écoles de Germanie. Je préférerais me convertir aux traditions qui ont cours chez les pêcheurs russes, habitant les côtes glacées que Nordenskiold a conquises à la vie civilisée.

Ces pauvres gens, en effet, ayant l'imagination beaucoup plus féconde que le baron Plana et le docteur Petermann, croient qu'il y a au pôle de la terre une immense caverne servant d'entrée au monde souterrain.

Au lieu d'être remplie de métaux en fusion, la terre serait creuse comme une bombe, et la partie intérieure, éclairée par deux astres spéciaux, serait peuplée d'hommes et d'animaux.

C'est dans ces régions éternellement tempérées que les Groënlandais idolâtres placent leur paradis. Les âmes des bienheureux, traversant comme Virgile et Dante les champs glacés du pôle, disparaissent dans l'ouverture bénie qui les conduit dans ce séjour merveilleux.

XXIV

LES DRAMES DES TRAÎNEAUX.

Sous ces climats épouvantables, au milieu de si étonnantes difficultés, une colonne isolée, quelque nombreuse et bien armée qu'on la suppose, est bien souvent compromise. L'isolement, si l'on peut ainsi parler, écrase l'homme, et lui montre toute la profondeur de son infimité.

Mais les rencontres font, pour ainsi dire, illusion. Deux troupes qui se joignent se croient réciproquement beaucoup plus solides qu'elles ne le sont en réalité. Se prêtant un mutuel appui, elles forment un faisceau dont les forces sont décuplées par l'imagination.

Nous allons avoir successivement plusieurs exemples mémorables de ce fait honorable pour la nature humaine, et pour l'intelligence des amiraux qui ont organisé les expéditions.

Peut-être le capitaine Nares aurait-il succombé avec tout son monde, si l'*Alert* n'avait été doublé par la *Discovery*. Moins exposée, la *Discovery* aurait peut-être cependant perdu son équipage, si les nouvelles et l'exemple de l'*Alert* n'avaient enflammé ses marins. L'*Alert* savait que la *Discovery* lui servait de réserve en cas de sinistre. Quelque dures que fussent les souffrances de la *Discovery*, son équipage songeait que des camarades plus près du pôle supportaient au même instant des périls plus grands et des froids plus cuisants. C'est ainsi que, dans les expéditions militaires, les réserves sagement ménagées et arrivant en temps opportun font à elles seules, par leur seule présence, plus de la moitié du succès.

Le lieutenant Aldrich qui, pendant l'automne de 1875, avait exploré le cap Joseph-Henry et une partie de la côte septentrionale de la terre de Grant, fut naturellement chargé de reprendre ses recherches dès que le minimum de froid fut passé. Le 3 avril, il se dirigea vers l'occident, dans le but d'aller le plus loin possible du côté du détroit de Behring. Le 14 juin on n'avait pas encore de ses nouvelles. Dès que les matelots du capitaine Markham eurent été ramenés à bord de l'*Alert*, on se décida à envoyer une expédition au-devant des manquants. Un lieutenant expédié avec un traîneau de secours les rencontra précisément à l'endroit où la division du nord avait été obligée de s'arrêter. (Voy. fig. page 313.)

Le scorbut, qui les avait relativement épargnés pendant de longues semaines, avait fait soudainement explosion avec tant d'énergie, qu'à l'exception du commandant et d'un matelot, tous les hommes étaient hors d'état de continuer leur route. Il ne fallut pas moins de six jours entiers pour faire les trente milles qui séparent le cap Joseph-Henry de la baie du Glaçon-Flottant.

Sans ce secours inattendu les hommes étaient tous perdus, car le vent s'était mis au sud, le dégel commençait. La glace de pied, trop faible pour supporter le traîneau, était trop résistante pour que l'on pût songer à se servir d'un bateau. L'eau n'était pas encore ouverte, mais la terre était déjà fermée.

Le retour de la division du lieutenant Aldrich porta à trente-six le nombre des malades de l'*Alert;* vingt-quatre de ces malheureux souffraient du scorbut. Mais les découvertes acquises au prix de tant de souffrances étaient dignes des efforts qu'elles avaient nécessités et des souffrances qui avaient été endurées.

La colonne de l'ouest avait suivi la rive de la mer des Glaces éternelles jusqu'au 85e degré de longitude occidentale, c'est-à-dire pendant près de 25°, par une latitude de 82°, où les parallèles sont rétrécis, par suite du voisinage du pôle, au onzième de leur développement sous l'équateur. Ce trajet représentait encore près de trois cents milles. Pendant ce long et terrible trajet, les piétons n'avaient aperçu au nord ni roches ni même apparence de terre lointaine. La glace compacte se montrait seule à l'horizon.

Loin de tendre au nord, cette rive boréale de la terre de Grant se retire progressivement vers le sud, comme si du côté du détroit de Behring le bassin polaire allait en s'épanouissant.

Les températures que nous avons relatées montrent bien que le capitaine Lambert avait eu tort de croire à l'existence d'une mer libre. S'il avait essayé de forcer le pôle par le détroit de Behring, il se fût heurté contre les froids épouvantables qui ont arrêté les marins anglais. Il n'aurait pu continuer près du pôle la chasse à la baleine, sur laquelle il comptait pour son ravitaillement. Mais tout n'était pas chimérique dans les plans de cet esprit ardent. La configuration géographique du bassin polaire montre la nécessité de se préoccuper de la route à laquelle il avait songé. Il y aurait d'autant plus d'avantage à la suivre que la route de la mer polaire à la mer de Baffin par le détroit de Smith peut être considérée comme complétement étudiée. Le retour en Europe offrirait donc des facilités inespérées.

Aussitôt que le capitaine Nares avait donné le signal, les explorations en traîneau de la *Discovery* avaient commencé.

Le premier acte du capitaine Stephenson avait été d'envoyer une petite colonne à la baie du Polaris, de l'autre côté du détroit de Robeson. Car on avait sagement décidé que cette localité étudiée, connue, décrite, servirait de pivot pour les opérations dirigées contre la côte nord du Groënland.

Ce qui rend tout progrès, même faible en lui-même, excessivement précieux, c'est qu'il renferme en lui-même la racine de nouveaux progrès. Une conquête géographique est la base de nouvelles con-

Les chiens du lieutenant Aldrich pendant une halte. (V. page 310.)

18

quêtes. C'est en allant ainsi de proche en proche qu'à force de persévérance l'homme arrivera à explorer l'étroit domaine dans lequel la nature l'a renfermé. Il connaîtra au moins cette terre, cet atome tournant dans un coin de l'infini autour d'un petit soleil, et d'où son esprit inquiet s'élance pour prendre possession des lointaines nébuleuses, pour explorer l'immensité.

L'expédition dirigée sur la baie du Polaris se composait de deux officiers, d'un matelot et d'un chasseur esquimau.

Ce dernier, ayant fait partie de l'expédition du capitaine Hall, était à même de servir de guide.

Les provisions dont la *Discovery* avait établi un dépôt quelques mois plus tôt étaient en très-bon état de conservation. On eût dit que la tombe du capitaine Hall venait d'être construite. Le modeste panneau sur lequel on avait écrit au pinceau le nom de ce pionnier du pôle nord n'avait pas été renversé. L'ouragan l'avait respecté. On voyait encore debout un observatoire en bois, qui, après avoir été débarrassé de la neige dont il était encombré, fut trouvé en excellent état. Cette construction pouvait certainement être utilisée dans des explorations délicates, difficiles, car la côte du Groënland, autant qu'on en pouvait juger, était interrompue par des fiords nombreux et profonds.

Une fois cette expédition préliminaire revenue, le capitaine Stephenson ordonne au lieutenant Beaumont de se rendre à bord de l'*Alert* avec deux traîneaux. Après avoir touché cette escale, il devait se lancer vers le pôle nord par l'est.

On connaissait déjà par le récit du capitaine Hall combien cette entreprise offrait de difficultés. Car il s'agissait de suivre sur les bords de la mer polaire une route bordée d'énormes falaises, coupée d'incroyables golfes, offrant l'aspect de véritables détroits.

Les côtes du Groënland sont dentelées par des ouvertures si profondes que certains géographes prétendent qu'il est formé par un vaste archipel analogue à celui du nord-ouest. Moins larges que ceux de l'ouest, les détroits seraient reliés par d'immenses masses de glace qui les souderaient. L'eau figée remplacerait les lacunes que la terre aurait laissées, et formerait un continent factice.

Le lendemain du départ du lieutenant Beaumont, un autre détachement se met en route avec deux traîneaux pour explorer le détroit de Lady-Franklin. C'est le bras de mer, on ne l'a point oublié, à l'embouchure duquel la *Discovery* s'est arrêtée pour hiverner. On supposait alors qu'il pouvait fournir une entrée nouvelle pour pénétrer jusqu'à l'océan Boréal.

La découverte du passage du nord-ouest n'offre aucun intérêt pratique pour la navigation. On ne saurait jamais supposer que les navires s'engagent dans un labyrinthe de glaces et de roches pour passer d'un Océan dans un autre.

Cependant on attache tant de prix à la solution de cette question théorique, que le capitaine Stephenson suivit pendant quelques jours cette expédition. Il conduisait un traîneau chargé de provisions, afin d'établir un dépôt pour faciliter le retour.

La précaution était excellente, indispensable, car le peu de gibier que l'on rencontrait dans ces parages avait l'oreille si fine, était si sauvage, qu'on ne pouvait l'approcher de manière à le tirer.

Les bœufs musqués, ces gros animaux massifs, étaient d'une agilité incroyable. On les voyait grimper sur des falaises que des chèvres n'auraient pu affronter.

La marche en avant dura près de trois semaines, pendant lesquelles on ne fit pas moins de soixante milles, mais on n'aboutit pas à un nouveau bras de mer gelé. On se trouva face à face avec un nouveau glacier qui ne le cède point à celui de Humboldt. Les blocs de glace se trouvaient sur des roches hautes de trois mille pieds. C'est de là que dans la saison du dégel elles se précipitaient avec un horrible fracas.

Une grande partie des banquises qui avaient barré la route de la *Discovery* se formaient dans cette épouvantable contrée.

La marche en arrière fut plus rapide, grâce aux provisions que le prévoyant Stephenson avait accumulées. Vingt-huit jours après leur départ, les explorateurs revenaient à bord de leur bâtiment.

Le capitaine Stephenson, qui ne peut affaiblir

l'effectif resté à bord, attend le retour de cette colonne pour diriger une expédition de l'autre côté du détroit. Le but de cette campagne est double.

Les explorateurs doivent sonder les profondeurs du détroit de Petermann. On pensait alors que cet estuaire partageait en deux parties le Groënland. Suivant les idées admises encore il y a deux ans, ce bras de mer offrait un passage vers le sud-est. Il devait déboucher dans la mer du Spitzberg, au delà des latitudes où les Allemands ont eu tant de mal à pénétrer. Il était en tout point le pendant du prétendu détroit de Lady-Franklin.

Mais là ne se bornait pas la mission de la colonne expéditionnaire dirigée dans ces parages, elle devait occuper l'observatoire de bois des Américains, attendre le retour de l'expédition du nord du Groënland, et au besoin lui donner la main.

L'exploration du détroit de Petermann fut beaucoup plus difficile que celle de la baie de Lady-Franklin. En effet, on ne tarda point à se trouver en face d'une banquise de glace rugueuse, analogue à celle dont l'Océan polaire est recouvert. Sans s'arrêter devant cet obstacle, les marins de la *Discovery* marchent toujours en avant; mais ils ne tardent pas à s'apercevoir que la glace toute crevassée est épouvantablement dangereuse. A chaque pas ils rencontrent des gouffres dans lesquels ils vont disparaître, eux et leurs traîneaux.

Ils continuent néanmoins leur marche pénible en

multipliant les précautions. Cependant ils s'arrêtent, car ils voient dans le lointain l'explication de tout ce désordre.

Un vaste glacier en pente douce, et non à pic comme celui de Lady-Franklin, règne d'une rive à l'autre de la baie Petermann.

C'est en glissant inégalement sur ce fond mal moulé que la glace s'ouvre, et forme des précipices dans lesquels la troupe entière peut être engloutie.

Non-seulement le détroit de Smith reçoit les débris de la banquise de la mer polaire, mais il est couvert de blocs gigantesques par trois immenses glaciers : celui de Petermann, celui de Humboldt et peut-être celui de Hayes.

On ignore si ce bras de mer est un détroit ou un fiord terminé comme les trois golfes que l'expédition du capitaine Nares a successivement explorés. Le temps, les ressources et les forces ont manqué pour sonder le mystère géographique dont la solution peut se rencontrer de ce côté.

Après s'être assuré que le détroit de Petermann est à jamais clos et scellé, les explorateurs reviennent à la tombe du capitaine Hall, où ils avaient formé leur dépôt.

Il était temps qu'ils revinssent. Ils trouvèrent dans un état affreux de maladie et d'épuisement une troupe qui venait d'arriver du nord. C'était le lieutenant Rawson, qui, avec quatre hommes, avait été détaché de la colonne du lieutenant Beaumont. Les hommes n'étaient plus qu'au nombre de trois. Un de leurs camarades venait de mourir du scorbut, on l'avait enterré auprès du capitaine Hall.

La joie de la rencontre imprévue fut immense. On s'embrassa avec délire, car il n'y a pas d'amitiés aussi chaudes que celles contractées sous la terrible nuit polaire. (Voy. fig. page 325.)

L'enthousiasme produit par cette jonction inattendue ne pouvait malheureusement guérir le scorbut. Les deux petites troupes étaient perdues si les Européens eussent été abandonnés à eux-mêmes.

Mais l'Esquimau possède un instinct admirable. Il sait deviner le phoque et le saisir au moment où il vient remplir ses poumons d'air. Les deux dessins que nous avons déjà donnés ont fait comprendre cette curieuse manœuvre, reposant sur une intelligence complète des conditions organiques des amphibies.

Grâce à l'extrême habileté des indigènes, l'abondance ne tarda pas à renaître autour de l'ancien campement du *Polaris*. La soupe de phoque et le sang de phoque sont les meilleurs spécifiques contre le scorbut. Tout phoque tué en pareille circonstance sauve la vie à deux hommes, voilà ce que l'on peut affirmer.

Après avoir songé aux mourants, les Anglais n'oublièrent pas les morts. Ils placèrent solennellement sur la tombe de Hall une plaque de cuivre, gravée en Angleterre, et portant une inscription en son honneur. Puis ils s'aperçurent que l'expédition du Groënland n'arrivait pas.

Prenant avec lui trois hommes solides, le lieutenant Rawson se porte valeureusement à la rencontre des retardataires. Le reste de la troupe campe dans l'observatoire en bois, où elle trouve tout le confortable que l'on peut rêver dans des circonstances aussi terribles.

Abandonnons un instant le lieutenant Rawson pour revenir en arrière et raconter ce que l'expédition du nord du Groëland était devenue.

Le lieutenant Beaumont, après avoir expédié vers le dépôt de Polaris-Bay le détachement du lieutenant Rawson, avait continué sa route vers le nord. Il avait suivi imperturbablement cette côte de fer du Groënland.

Mais, quoiqu'il se fût séparé des invalides, les germes du scorbut étaient restés. La terrible maladie ne tardait pas à se déclarer de nouveau parmi les hommes qu'il avait conservés.

Le 21 mai, il se trouvait par 82° latitude nord, 30° 40′ longitude occidentale. Il venait de traverser un fiord immense, et il voyait à l'horizon, du côté du nord, au delà du 83⁰ degré, une terre haute.

Était-ce l'extrémité australe du véritable continent arctique? Était-ce un cap septentrional du Groënland, relié par un fiord au promontoire sur lequel le lieutenant Beaumont se trouvait?

Quoi qu'il en soit, c'est sans doute de ce côté qu'il

faut diriger les futures explorations. Car le pôle ne peut être atteint, comme l'amiral russe Wrangel l'a fait remarquer depuis si longtemps, que si des lignes de côte, se dirigeant vers lui, en facilitent les approches.

C'est à suivre le nord du Groënland que devront s'attacher les prochains explorateurs. La voie du capitaine Hall se trouvera complétée par celle du lieutenant Beaumont.

Si l'on parvient à hiverner dans les régions qu'il a touchées des yeux, les explorations du printemps permettront de gagner un terrain que jamais la banquise ne céderait.

Malheureusement le lieutenant Beaumont est en vue de cette nouvelle porte du pôle, comme Moïse en face de la terre de Chanaan.

Le nombre des marins valides qui l'accompagnent diminue de jour en jour. Sur sept hommes qui lui restent, quatre sont hors d'état de se mouvoir, deux seulement peuvent aider les trois officiers à tirer le traîneau.

Quelques jours après, un des vaillants qui sont encore debout tombe malade à son tour. Tout espoir semble définitivement perdu.

Les fugitifs, pour alléger le poids qui les épuise, laissent derrière eux les objets qui ne leur paraissent pas indispensables : les vivres, la tente, et même une partie des manteaux. Ils font comme l'aéronaute en détresse qui, pour se maintenir à tout prix en l'air, sacrifie ses vivres, ses instruments, ses vêtements, et jusqu'à ses souliers.

Au milieu de la déroute, alors que le désespoir et le doute commencent à faire vaciller les intelligences, un grand cri se fait entendre.

C'est Hans, le vaillant Esquimau, qui le pousse; il marche en tète de la troupe du lieutenant Rawson. C'est la vie qui revient! Le lieutenant Beaumont et ses valeureux compagnons sont sauvés.

Cette rencontre miraculeuse eut lieu sur la baie de Newman, théâtre de la dernière course en traîneau du capitaine Hall. C'est là que cet immortel pionnier du pôle a lutté pour la dernière fois.

Hans veut l'impossible. Il veut à tout prix tuer un phoque. Il faut que le sang de l'amphibie vienne régénérer les pauvres scorbutiques. On s'arrête pendant vingt-quatre heures sur cette glace mortelle, pendant que Hans, exposé à une température terrible même pour un Esquimau, attend, embusqué près d'un trou.

Mais aucun phoque ne se montre. Une halte plus prolongée serait terrible. Il faut que la retraite continue.

C'est seulement le 1er juillet que l'arrière-garde de cette troupe infortunée se traîne à la baie du Polaris et à l'observatoire de bois.

Lorsque les derniers traîneaux, soutenus par l'infatigable Hans, arrivent, on enterrait une nouvelle victime du scorbut. C'était un matelot du *Valeureux,* qui avait obtenu à grand'peine, à Disco, d'embarquer à bord de la *Discovery*. Une troisième tombe se dresse à côté de celle de l'aîné de ces glorieux décédés.

Malgré les vivres accumulés dans la baie du Polaris, la situation était épouvantable. On ne pouvait songer à regagner le bord.

Il fallut envoyer une nouvelle expédition, traverser le détroit, pour demander du secours au capitaine Stephenson.

Hans, quoique épuisé par les services qu'il avait rendus, demanda l'honneur d'en faire partie.

Mais ce guide admirable avait trop présumé de ses forces. Le temps était devenu humide, le dégel commençait. La glace fondue est terrible, elle ne pardonne pas comme la glace sèche et le froid noir.

Hans arrive mourant à bord... On ne peut le ranimer.

Le lendemain, l'équipage assiste à ses funérailles.

Suivant le désir qu'il en avait exprimé, on lui donne la sépulture d'un marin. On creuse un trou dans la glace, et on lance le cadavre, après avoir attaché un boulet à chaque pied.

XXV

LE RETOUR EN ANGLETERRE.

Le capitaine Nares était libre de rester encore une année dans ces régions. Un nouvel hivernage lui aurait peut-être permis d'atteindre les points entrevus par le lieutenant Beaumont. C'était vers l'exploration des côtes qu'il avait désormais à concentrer tous ses efforts. Mais l'équipage avait été une première fois attaqué par le scorbut. Les hommes seraient-ils de force à résister à une nouvelle épidémie? Les instructions de l'amirauté enjoignaient de ne rien laisser au hasard. Cette route déjà suivie, explorée, on pouvait la reprendre utilement une autre année. Mais le projet de retraite sur l'Angleterre semblait beaucoup plus facile à former qu'à réaliser.

Nous avons déjà appelé l'attention sur l'époque tardive à laquelle les naïades qui versent leurs eaux dans le sein de la mer polaire commencent à être délivrées. C'était le 1er juillet que, dans les vallées voisines de la baie du Glaçon-Flottant, on entendit pour la première fois le murmure des ruisseaux.

Le 23, une violente tempête du sud-ouest déga-

Les compagnons du lieutenant Beaumont en détresse. (V. page 318.)

geait la côte et envoyait la banquise à un mille au large. Mais huit jours après, le 31, il fallait encore un travail considérable pour dégager le navire du gigantesque glaçon qui l'avait si bien protégé pendant l'hiver. Peu s'en fallut qu'il ne fît payer cher à l'*Alert* l'hospitalité qu'il lui avait à regret accordée !

Le 1er août, l'entrée du détroit de Robeson, qui était bloquée par un énorme banc de glace, se trouve ouverte par un reflux de la marée. L'*Alert,* qui était sous vapeur, en profite pour se précipiter dans le chenal qu'il avait eu tant de peine à franchir onze mois auparavant.

Le 4 août, la glace se ferme de toutes parts, se soude avec la prodigieuse malléabilité dont elle a donné de si nombreux exemples, et l'*Alert* est de nouveau emprisonné.

On profite de ce temps d'arrêt pour descendre à terre les chasseurs près des lacs d'eau douce, où, l'année précédente, on avait tué trois bœufs musqués.

Les bœufs musqués n'ont pas de successeurs, mais à leur place on trouve une bande d'oies. Les vieilles n'ont que des plumes tout usées, qui ne leur permettent plus de voler. Quant aux jeunes, comme leurs plumes n'ont pas encore poussé, elles sont également une proie facile. On en capture en tout soixante-sept ; riche moisson de viande fraîche, qui arrive bien à point pour réconforter les malades en traitement.

Du 1er au 4 août, l'*Alert* avait fait un trajet

de cinquante milles, en se glissant entre la terre et les rochers. Il n'était plus qu'à vingt milles de la *Discovery*.

La glace flottante doit obéir à la fois à deux maîtres : au vent, qui varie d'un jour à l'autre, comme dans tous les pays du monde, et au courant, qui descend continuellement vers le sud. Quand le vent et le courant marchent d'accord, les montagnes de glace se précipitent avec une effrayante force d'impulsion. Aussitôt qu'un radeau se trouve arrêté par un obstacle quelconque, les morceaux lancés par le flot s'accumulent et se soudent. En quelques heures, l'*Alert* se trouve protégé par une barrière de soixante pieds. La neige arrive jusqu'aux huniers.

Mais le vent ayant tourné au sud-ouest et soufflant avec fureur, l'effet inverse se produit. Les blocs de glace sont arrachés, poussés, bousculés, la banquise chavire. C'est un sauve qui peut de glaçons.

Ayant pris à regret le parti de retourner en Angleterre, le capitaine Nares ne l'a pas pris à demi. Aucune hésitation ne reste dans son esprit.

Il ne veut pas seulement mettre à profit ce temps d'arrêt involontaire pour améliorer sa cuisine; il envoie un officier en estafette au capitaine Stephenson, pour lui intimer l'ordre de se préparer à l'appareillage.

Il n'est plus possible de suivre cette route du nord, que les matelots commençaient à si bien connaître, et qui servait à établir une communication entre les deux bâtiments. Les glaçons, détachés les uns des autres, ne supporteraient que difficilement le téméraire assez audacieux pour s'y hasarder.

On débarque le capitaine Egerton, qui est chargé de suivre le bord de la mer pour s'acquitter de cette importante commission. La route est pénible, car il faut monter de falaise en falaise, par des sentiers inconnus que jamais pied humain n'a foulés.

Cependant, parti le matin, M. Egerton arrive le soir même à la baie de la Discovery.

Il trouve l'équipage dans la joie; on vient de faire sous la neige une merveilleuse trouvaille : on a découvert deux couches d'excellent charbon et d'une puissance de vingt-cinq pieds.

L'accumulation d'aussi prodigieux dépôts atteste la puissance qu'avait la végétation dans une région où un brin d'herbe ne saurait actuellement pousser. Nulle part, les essences de la période carbonifère ne se sont développées avec un élan aussi irrésistible.

Est-il possible de désirer une preuve plus directe, plus convaincante, de la gravité des révolutions météorologiques dont la terre a été l'objet?

La nature n'a-t-elle pas pris soin d'écrire elle-même dans ses archives un démenti aux orgueilleuses théories de nos savants matérialistes, qui démontrent à leur manière l'éternelle stabilité des éléments nécessaires à notre vie?

Cette étonnante trouvaille avait fait germer bien des plans dans le cerveau des marins de la *Discovery*.

On envisageait sans crainte les luttes d'un prochain hivernage. Car on n'a plus besoin de soleil, dès que l'on trouve le charbon à discrétion. Aussi l'annonce du retour en Angleterre ne fut-elle pas reçue avec autant de joie qu'à bord de l'*Alert*. Ce ne fut pas sans quelque désappointement patriotique que l'on fit des préparatifs, bien simples du reste, pour retourner en arrière.

Cependant, il reste encore une chance. Le capitaine Stephenson envoie un de ses officiers à bord du navire commandant, pour prévenir qu'il ne peut appareiller sur l'heure. Le lieutenant Beaumont se trouve encore à la baie du Polaris, avec tous les blessés de sa belle expédition. Le capitaine Nares fait répondre que l'*Alert* ira le chercher.

Mais pendant que l'*Alert* se prépare à envoyer ses malades à bord de la *Discovery*, le lieutenant Beaumont arrive.

Lui et ses braves compagnons ont franchi ce bras de mer affranchi par le dégel, à l'aide d'un canot que le capitaine Stephenson a été lui-même leur porter quelques semaines auparavant.

Le 14 août, les deux navires étaient sous vapeur, et commençaient à marcher vers le canal Kennedy. Mais la glace ne tarda pas à rendre leurs mouvements très-lents. Jusqu'au 20, il ne firent que très-peu de chemin. Le 21, arriva un accident qui aurait pu avoir des conséquences terribles. Un glaçon, poussé par le courant, appuie traîtreusement de tout son poids sur l'*Alert*, et le fait dévier de sa route de quelques encablures. Le steamer est jeté sur un bas-fond. Comme la marée, qui n'est plus morte, comme dans le bassin polaire, descend avec rapidité, l'*Alert* reste échoué, et tombe sur le côté. Heureusement, ce n'est pas sur un fond de roche. On le maintient avec des cordages, et par le plein de la marée suivante il est relevé de lui-même.

Certains journaux illustrés de France et d'Angleterre ont représenté les marins de la flottille polaire occupés à faire sauter la glace avec de la dynamite, ou même de la nitro-glycérine. On voit les bidons déposés sur la banquise. Mais il n'y a rien de vrai dans ces dessins fantastiques.

Le procédé employé par le capitaine Nares pour assurer le retour est, sans aucune variante, celui qui lui a servi l'année précédente. D'une façon furieuse, il charge les glaçons qui lui barrent le passage.

Cette propulsion énergique ne se fait qu'à force de vapeur, et par conséquent à force de charbon. Aussi, l'hivernage des deux steamers eût-il été sérieusement compromis, s'ils n'avaient pu forcer les dernières glaces qui les séparaient de la patrie.

Généralement, il suffisait de l'effort d'un seul navire pour ouvrir la route que son compagnon suivait fidèlement. Mais quelquefois la vieille glace obstinée, regelée pendant la nuit, se mettait en travers, et menaçait de barrer la route. Une barricade de ce genre, qui semblait infranchissable, se présente au dernier moment. Il y a déjà plusieurs heures que les vigies du nid de corbeau ont signalé à l'horizon l'eau bleue de la baie de Melville.

Les deux navires, se mettant de front devant cet ennemi audacieux, se précipitent avec fureur. Les coups, portés avec un égal acharnement et d'ensemble, retentissent. On n'a jamais entendu des coups de marteau plus formidables sur l'enclume de Vulcain. Enfin, la banquise indocile se brise, les deux navires sont libres; il n'y a plus de barrière qui les puisse obliger à hiverner.

Dans le voyage de la mer de Baffin à la mer Polaire, le capitaine Nares s'est servi une seule fois de sa toile; il ne l'a point employée en revenant. Ce fait suffit pour montrer qu'il ne saurait être question, pour les navires à voiles, de réussir dans une semblable expédition. Si l'on connaissait quelque chose de plus puissant que la vapeur, il faudrait certainement l'adopter.

Les glaçons s'accumulent tellement dans les passages difficiles que l'hélice est, du reste, souvent paralysée.

Dans ces mers glacées, le vent exerce sur les steamers au moins autant d'influence que sur les voiliers dans les mers ordinaires. Car les navires les plus puissants sont obligés de courir des bordées, avec plus d'agilité que si l'on naviguait au plus près.

En vingt-cinq jours, l'escadrille du Nord n'a fait que deux cent cinquante milles, de puis la baie de la *Dis-*

covery jusqu'au cap Sabine. Ces deux cent cinquante milles lui ont coûté la moitié de son charbon, mais elle a échappé à la prison, qui aurait été le châtiment de navires moins magnifiquement équipés.

Les conquêtes dans la découverte des régions polaires sont à la fois une question d'outillage et d'opportunité. Les dernières étapes de l'*Alert* nous en donnent un exemple saillant.

Les différences se voient et se tarifent d'elles-mêmes, si l'on compare les deux traversées. Pour aller de la baie de la Discovery à la mer Polaire, il n'a fallu que sept jours, temps déjà énorme pour une distance de soixante-seize milles. Il n'en a pas fallu moins de douze pour revenir. Mais alors le vent venait du sud-ouest. On eût dit qu'il invitait l'escadrille à rebrousser chemin.

Au milieu de septembre 1875, éclata la terrible tempête du sud-ouest, qui détermina le capitaine Nares à chercher un havre d'hivernage. Les vagues étaient si hautes dans le détroit de Robeson, que, suivant toute probabilité, le chenal des deux mers était libre dans toute son étendue. Un steamer qui s'y serait hardiment jeté à toute vapeur aurait probablement franchi la passe. Il fût arrivé en deux ou trois jours à la baie du Polaris et de la Discovery.

Comme le disait si spirituellement le vieux Scoresby, si l'on veut être certain de ne pas manquer les occasions, c'est de recommencer les voyages du pôle nord tous les ans.

Malheureusement, ils sont peu nombreux, les hommes intelligents et énergiques qui comprennent la nécessité de ne pas laisser la solution d'un aussi magnifique problème à nos petits-neveux.

C'est là que se termine la partie dramatique, épique, de cette expédition mémorable. Peut-être des marins français, plus amoureux de tenter l'impossible, n'auraient-ils pas lâché prise si tôt. Peut-être seraient-ils encore aux prises avec les glaces. Mais, pour reprocher au capitaine Nares de n'avoir pas fait ainsi, il faudrait oublier le service qu'il a rendu à la science de la navigation, rien qu'en revenant triomphalement avec ses navires.

Qui sait si l'Angleterre n'aura pas besoin de se mesurer avec d'autres glaces moins épaisses, celles qui couvrent la Baltique pendant une partie de l'année?

Si elles sont impuissantes à arrêter les marins britanniques, c'est peut-être grâce aux expériences de stratégie navale que la flottille polaire a tentées dans le détroit de Smith, et qu'elle a exécutées avec un si merveilleux succès.

En arrivant au large du cap Isabelle, le premier ordre du capitaine Nares est d'envoyer à terre une embarcation pour fouiller le cairn.

On revient avec une malle de lettres et de journaux. Les dépêches de l'amirauté sont absentes, mais chaque matelot a des nouvelles des siens. L'appel de ceux qui sont morts sous le pavillon national serre douloureusement le cœur de ceux qui ont vaincu. Un dernier regret leur est accordé.

L'*Alert* et la *Discovery*, qui, hier encore, étaient menacés d'une captivité terrible, périlleuse, se trouvaient en pleine civilisation.

Si le navire qui avait porté ces dépêches était parvenu jusqu'à l'hivernage de l'*Alert*, s'il avait pu repartir en ramenant les malades, les affaiblis, l'idée de rebrousser chemin ne fût venue à personne. La lutte contre le pôle nord continuerait avec un nouvel acharnement.

Cette année, comme en 1875, c'était le brave capitaine Young qui avait fait le service de la poste. L'amirauté avait de nouveau engagé le yacht *la Pandore*.

Mais les mers polaires ayant été beaucoup plus froides, beaucoup plus orageuses, beaucoup plus encombrées de glaces, il n'avait pu s'acquitter de sa mission que d'une façon incomplète.

C'est seulement le 3 août, après avoir forcé la glace du milieu, dans la baie de Melville, que la *Pandore* put aborder l'île Litleton, où elle trouva des dépêches laissées l'an dernier. Elles étaient postérieures à celles que le capitaine Young avait rapportées des îles Carey. Elles prévenaient le commandant de la *Pandore* que l'escadrille toucherait au cap Isabelle à son retour en Angleterre. C'était donc là que les lettres devaient être apportées.

Il était manifestement impossible, dans l'état de la

mer et de la glace, de s'avancer aussi loin. En conséquence, le capitaine Young occupa ses loisirs forcés à examiner la baie d'Hartstone, pour voir si un navire pourrait y hiverner en 1877, dans le cas fort possible où, malgré sa promesse, le capitaine Nares ne reparaîtrait pas, sinon à l'automne de 1876, du moins au printemps de 1877.

Lorsque la chaleur eut enfin disloqué ces banquises, vers les premiers jours d'août, alors que l'*Alert* commençait à entrer dans le détroit de Robeson, un canot de la *Pandore* abordait le cap Isabelle. N'ayant pas un duplicata des dépêches destinées au commandant, il ne pouvait déposer sous un cairn que des lettres particulières et quelques journaux. Les messages portés à l'île Litleton y sont restés.

Car, se trouvant à court de charbon, le capitaine Nares ne voulut pas allonger sa route, pour trouver des nouvelles désormais inutiles. Il se dirigea en droite ligne vers Disco, où l'inspecteur du Groënland du Nord consentit à lui laisser prendre trente tonnes de charbon. Les approvisionnements étaient si faibles, qu'il ne put lui en donner davantage. Il pouvait lui donner vingt tonnes de plus, mais ce n'était qu'à la condition d'aller les prendre à Egedesminde, ce qui fut fait sur-le-champ.

On n'eût pas dit, en voyant l'escadrille mendier ainsi son charbon de port en port, qu'elle venait de découvrir sur les bords de la mer Glaciale un des plus riches gisements houillers du monde. Plus d'une fois, dans sa route vers l'Angleterre, le capitaine Nares dut regretter de n'avoir pas utilisé les magnifiques ressources que la nature avait mises à sa disposition.

Ce fut le 4 octobre que les deux navires repassèrent le cercle polaire.

Il y avait juste quinze mois qu'ils l'avaient franchi pour la première fois. Les marins étaient si bien habitués au froid, que le soleil, au lieu de leur donner un surcroît de bien-être, fit éclore des rhumes et des rhumatismes dont les docteurs eurent beaucoup de mal à triompher.

Le 12, éclata une grande tempête du sud-est, qui nous procura à Paris un surcroît de chaleur, et qui mit fin d'une façon très-opportune à une période de brumes fatigantes autant que persistantes. Mais les effets produits sur l'escadrille furent beaucoup moins agréables. L'*Alert* eut son gouvernail brisé, et la *Discovery*, qui naviguait de conserve, en fut séparée par un coup de vent.

Heureusement, ce ne fut pas sans avoir eu le temps d'échanger des signaux et d'indiquer Queenstown comme point de ralliement.

Faute de charbon, l'*Alert* dut relâcher à Valentia et ne put se rendre au rendez-vous général qu'après avoir mis dans ses soutes quelques tonnes de plus. Deux jours après son arrivée, elle fut jointe par la *Discovery*. Les deux navires allèrent ensuite dés-

Le capitaine Markham plantant le drapeau britannique sur la banquise.
(V. page 302.)

armer à Portsmouth, où ils furent exposés à l'admiration publique. De tous les points de l'Angleterre et même du continent, des milliers de visiteurs vinrent les examiner.

La présence d'une banquise permanente dans la mer des Glaces éternelles n'est pas un obstacle infranchissable à un nouveau mouvement en avant.

Les tentatives que l'on a faites après le retour de l'expédition autrichienne recommenceront certainement. On essayera de nouveau de proclamer l'absurdité de nouvelles tentatives. Les savants allemands reviendront à leur plan favori de stations permanentes, situées à distance respectueuse du pôle, et qui seraient excellentes si l'on ne voulait s'en servir comme d'argument pour arrêter les téméraires voulant aller plus loin que les Autrichiens, les Américains et même les Anglais.

Nous n'avons pas marchandé notre admiration à ces braves pionniers, mais nous n'avons jamais oublié que la plus sûre méthode de rendre hommage aux hommes utiles, c'est de chercher à profiter de leurs conquêtes, pour conquérir des mondes, des idées fécondes, ou des espaces nouveaux.

ÉPILOGUE

Nous n'entrerons pas dans le détail des honneurs rendus de l'autre côté du détroit à l'état-major et aux équipages de la flottille du pôle nord. Cependant, nous ne pouvons nous empêcher de mentionner le meeting arctique qui a été tenu à Londres, sous la présidence du prince de Galles. Le capitaine Nares, le capitaine Markham et le capitaine Stephenson ont donné, l'un après l'autre, le récit de leurs aventures, de leurs expériences et de leurs travaux. C'est dans les documents publiés à cette occasion que nous avons naturellement trouvé les principaux éléments des chapitres destinés à exposer l'histoire dramatique de leurs expéditions.

Un triomphe aussi éclatant ne pouvait manquer de susciter de nombreuses critiques et d'éveiller bien des susceptibilités.

Même en Angleterre, des récriminations, bien peu fondées cependant, se sont fait entendre avec une certaine énergie.

Elles commencèrent par s'exercer sur un objet d'un intérêt tout à fait secondaire.

Le retour de la flottille ayant été en partie déterminé par l'explosion du scorbut, les mécontents reprochèrent avec amertume au capitaine Nares et à ses officiers de n'avoir pas fait un assez fréquent usage du jus de citron, sorte de médicament anti-scorbutique, dont l'usage est fortement recommandé par les médecins les plus autorisés.

La discussion qui eut lieu à cette occasion [1] conduisit à la nomination d'une commission royale, qui parvint à réunir une multitude de renseignements hygiéniques du plus haut intérêt pour la santé publique.

Quoique le goût du jus de citron ne soit pas désagréable, les hommes ne s'assujettissent pas volontiers à consommer régulièrement leur ration. Pour les contraindre, on est obligé de les faire mettre en ligne, de leur verser le breuvage et de s'assurer qu'il est absorbé, en leur ordonnant de renverser leur gobelet.

Une pareille manœuvre ne se peut exécuter dans les traîneaux en expédition, où la discipline est forcément relâchée.

Ce dégoût prouve que ce spécifique est loin de suffire, et que, pour lutter contre un froid aussi épuisant que difficile à supporter, l'organisme a besoin d'éléments sérieusement réconfortants.

---

[1] Voir ce que nous en avons dit dans le *Journal d'hygiène* du docteur Pietra Santa, sous le titre : *la Conquête du pôle nord et le jus de citron*.

Il faut que l'estomac s'habitue à digérer des rations énormes de matières grasses destinées à fournir, en extrême abondance, au sang les éléments d'une combustion intérieure prodigieusement active.

Un seul nombre suffira pour montrer combien il faut que cette digestion soit active pour que l'organisme puisse suffire à l'échauffement de l'air inspiré dans les poumons. En effet, cet air, arrivant quelquefois dans la poitrine à une température de 30 à 40 degrés au-dessous de zéro, doit posséder 30 ou 40 degrés de chaleur lorsqu'il est expulsé; chaque mètre cube d'air inspiré doit finalement gagner 60 à 80 degrés centigrades par le fait de son passage à travers l'organisme. La chaleur qu'il emporte ne peut-être fournie que par la combustion des matières alimentaires modifiées pour la digestion.

Une condition de premier ordre, c'est donc que les explorateurs s'habituent à consommer, sans embarras gastrique, des rations à peu près aussi copieuses et aussi nutritives que les Esquimaux, ce peuple renommé par sa voracité.

La conservation de la santé dans les hautes latitudes est donc, en partie du moins, un problème de facile digestion. Si les tissus ne s'assimilent pas les éléments indispensables, ils sont promptement non-seulement amaigris, mais même partiellement décomposés. La combustion nécessaire se ferait quand même, mais aux dépens de l'organisme vivant, au détriment du sujet.

On a également reconnu que l'absence prolongée de la lumière du soleil est encore un élément perturbateur, dont il est bien difficile de mesurer l'importance, mais qui accroît fatalement la difficulté des explorations polaires.

Le bon sens public comprit que le fait d'avoir ramené les deux navires en excellent état, après avoir reculé dans une proportion notable les limites du monde boréal connu, constituait un triomphe assez beau pour exciter toute espèce de jalousie.

Les critiques furent naturellement plus acerbes en Allemagne, où le docteur Peterman prit la plume pour soutenir de nouveau ce qui n'avait pas été radicalement détruit de ses anciennes conclusions.

Il imagina plusieurs plans d'exploration, dont il est inutile de s'occuper à cause des événements qui se sont accomplis de l'autre côté de l'Atlantique et qui méritent d'attirer spécialement notre attention.

Plusieurs savants dont les uns avaient déjà exploré le cercle arctique, dont d'autres s'étaient occupés plus ou moins longuement de la conquête du pôle nord, écrivirent des articles pour réfuter les conclusions du capitaine Nares. Parmi eux se distingua le docteur Hayes, qui a trop bien acheté par de belles découvertes le droit d'être injuste pour que nous lui reprochions ses vivacités de plume.

Pas plus que ses illusions sur la mer libre, ses excès de polémique n'entameront la reconnaissance qu'on lui doit.

Quand l'exagération naturelle des premières critiques se fut calmée, on arriva généralement à l'idée que la mer des Glaces éternelles ne peut pas être absolument impraticable toutes les années. Peut-être le capitaine Nares a-t-il été lui-même, comme tous les inventeurs, trop absolu dans sa manière de voir. Cette réserve indispensable nous est venue à nous-même à l'esprit, et nous n'avons pas cru qu'il fût nécessaire de le cacher.

On peut très-bien admettre qu'un été plus chaud rende les banquises relativement faciles à traverser, s'il ne les dissout complétement.

D'un autre côté, des explorateurs qui pourraient profiter des découvertes des lieutenants Beaumont et Aldrich, arriveraient probablement plus vite aux limites que ces braves officiers n'ont pu franchir. Ils pourraient au moins, dans certaines circonstances favorables, dépasser de beaucoup les bornes imposées par une dure nécessité aux explorateurs de la flottille anglaise.

Comme nous l'avons indiqué dans notre chapitre précédent, rien n'empêche d'admettre que de hardis pionniers aient la gloire de fouler la terre vierge aperçue au nord-est du Groënland par le lieutenant Beaumont.

Ou mènerait cette nouvelle étape? Ne serait-ce pas jusqu'au but si longtemps poursuivi?

Ces perspectives ont séduit le capitaine Howgate, du service météorologique, qui a proposé un plan très-complet, très-rationnel d'exploration, plan dont les bases sont celles que nous avons fait pressentir dans le cours de notre récit. Nous n'aurons besoin que de les résumer sommairement, car elles sont comme le couronnement de l'édifice de tous les travaux que nous avons analysés.

Le chef-lieu des explorations américaines sera un établissement permanent bâti sur les rives de la baie Lady-Franklin, et placé dans le voisinage immédiat des mines de charbon que la *Discovery* a découvertes au moment de quitter ces sauvages contrées.

S'il est possible d'établir une station plus septentrionale dans le voisinage du cap où l'*Alert* a hiverné, on y installera une succursale de la colonie polaire de la baie Lady-Franklin. Ce nouveau blockhaus servira de point d'appui aux explorateurs de la côte nord de la terre de Grant et à la conquête du pôle. L'observatoire de la baie du Polaris sera le poste avancé des explorateurs de la baie du Groënland. Mais le centre de cette vigoureuse attaque du pôle sera le trésor de combustible que la nature a providentiellement accumulé près de cet océan glacé.

Le capitaine Howgate a compris facilement qu'il ne fallait pas hésiter à employer, dans la grande guerre contre la nature, les mêmes moyens énergiques dont la République américaine a tiré un si glorieux parti contre les esclavagistes, et que les Prussiens ont su systématiquement utiliser dans le siége de Paris. Les différentes stations, et autant que possible les différentes colonnes d'attaque seront rattachées par des câbles électriques, afin que les mouvements de tous coopèrent au succès commun.

Les colons américains qui se dévoueront à braver les glaces du pôle nord pendant plusieurs années, à devenir les stationnaires de la science jusqu'à ce que la nature consente à se laisser forcer dans ses derniers retranchements, ne seront pas abandonnés à eux-mêmes; on ne les laissera pas isolés des nouvelles, des secours de la mère patrie.

Chaque année des navires arrivant régulièrement d'Amérique apporteront des journaux, des vivres, des instruments, amèneront des volontaires et pourront rapatrier les convalescents, les épuisés, les découragés.

Aux portes mêmes du pôle, la République américaine ouvrira un merveilleux caravanséraï scientifique où toutes les nations qui voudront coopérer à la conquête du pôle nord trouveront un refuge assuré contre les éléments. La grande audace toujours indispensable pour affronter la nature dans ces régions terribles, aura enfin des chances sérieuses d'être couronnée par un légitime succès.

Pendant vingt ans, les merveilleuses découvertes des Scoresby, des Parry, des Ross, passionnèrent la jeunesse française, sans toucher les chefs de la marine et les grands de l'État.

La Restauration, qui avait sur ses étendards la couleur de la neige, ne sentit pas le devoir d'illustrer dans les régions polaire la bannière de Henri IV et de saint Louis.

On put croire que le retour du drapeau de Jemmapes et de Valmy serait salué près du pôle nord par de brillants succès.

Il y a trente ou quarante ans, un gouvernement économe et mesquin se laissa forcer la main par la noble ardeur d'un de ces brillants officiers que notre marine a plusieurs fois produits. Jules de Blosseville, bon orateur, écrivain charmant et marin distingué, obtint le commandement d'une expédition polaire, une belle corvette, la *Lilloise*, et un équipage de choix. La *Lilloise* partit aux applaudissements d'une grande foule; nul n'en a plus entendu parler.

Un gouvernement soucieux de l'honneur se serait ému, aurait fouillé les profondeurs de l'Océan pour savoir ce que la *Lilloise* était devenue, aurait interrogé pour Blosseville, comme l'Angleterre le fit pour Franklin, les glaces du Groënland; mais le ministère du grand roi Louis-Philippe se borna à faire déclarer l'absence des marins qui ne revenaient pas, et à rayer la *Lilloise* des registres de notre amirauté.

Si le vaillant Bellot n'avait fait le sacrifice de sa vie à la recherche des compagnons de Franklin, et n'eût racheté notre indifférence, n'aurions-nous pas perdu jusqu'au droit de critiquer les théories chimériques des Allemands?

Quand la guerre franco-allemande éclata, un homme jeune encore, déjà célèbre, avait déployé une ténacité invincible, une opiniâtreté incroyable pour la grande cause de la conquête du pôle nord. Seul, sans fortune, sans appui, il était parvenu à accomplir la tâche devant laquelle un gouvernement qui disposait dictatorialement de l'or et du sang de la France avait reculé. Dans le triste et lamentable épilogue du siége de Paris, dans cette glorieuse mais inutile bataille de Montretout, Gustave Lambert succomba.

Depuis lors la France a gardé le silence. Notre pavillon tricolore n'a pas flotté dans ces mers mystérieuses où se donnent rendez-vous toutes les marines civilisées.

Il n'a été question de la conquête du pôle nord que dans de chimériques brochures d'exploration en ballon, que des sociétés qui se disent savantes n'ont pas dédaigné d'examiner sérieusement.

La fondation de la colonie américaine de la baie Lady-Franklin doit être considérée comme une mise en demeure adressée par une grande république. Espérons que nous comprendrons que notre honneur est engagé à venger noblement dans les mers polaires le trépas de Gustave Lambert, en remportant des victoires scientifiques dont les ennemis de la France puissent devenir éternellement jaloux.

C'est dans l'espérance de contribuer au réveil des questions polaires en France que nous avons exposé franchement, sans parti pris, ce que nos amis d'Angleterre et d'Amérique ont fait pour la solution de cette grande et belle question. Nous avons dû égale-

TABLEAU des expéditions polaires ayant dépassé le 81e degré de latitude.

DEGRÉS.	ROUTE DU DÉTROIT DE SMITH.	ROUTE DU GROENLAND.	ROUTE DU SPITZBERG.
83° 20'	Markham en traîneau; expédition du capitaine Nares (1876).		
82° 45'	. . . .	Expédition de Parry en traîneau sur la banquise (1827).	
82° 28'	Hivernage de l'*Alert* dans la mer des glaces éternelles (1876).		
82° 16'	Point extrême de l'expédition du *Polaris* sous le cap^e Hall (1871).		
82° 05'	. . . .	. . . .	Expédition du *Teghetoff* au cap Flugely; voyage en traîneau (1873).
81° 45'	Hayes au cap Liber en traîneau (1861).		
81° 44'	Hivernage de la *Discovery* dans la baie Lady-Franklin (1876).		
81° 42'	. . . .	*Sophia*, navire suédois (1868).	
81° 38'	Hivernage du *Polaris* (1871).		
81° 30'	. . . .	*Scoresby*, baleinier anglais (1806).	
81° 24'	. . . .	Le yacht de M. Leigh Smith (1868).	
81° 05'	. . . .	*Hécla*, navire du cap^e Parry (1827).	

Dans quelques relations que nous n'avons pu contrôler, et qui nous ont été indiquées par M. Cortambert, il est question du capitaine Martin, 82° 30', et du capitaine Willis, 82°. Ces deux baleiniers anglais seraient parvenus dans ces hautes latitudes entraînés par leur pêche, en 1830, par la route du Spitzberg. (Voyez page 350.)

Les traîneaux du capitaine Markham hissés sur une falaise glacée.
(V. page 295.)

20

ment réfuter sommairement les erreurs dans lesquelles étaient tombés les géographes d'une nation voisine qui, dépourvue, il faut bien le reconnaitre, de tout génie maritime, n'a trouvé dans les questions polaires, dont elle s'occupe avec passion, qu'un moyen de diminuer le renom qu'elle s'est acquis pendant l'année terrible aux dépens de notre honneur national et de notre sang.

Le tableau que nous donnons à la page 348 permet de se rendre compte, par un simple coup d'œil, de la supériorité de la route que les Hayes, les Hall, les Nares ont ouverte, et dans laquelle les Howgate ne tarderont pas à suivre leur glorieux sillon.

Espérons que les terribles épreuves auxquelles tant de braves marins se sont trouvés exposés, permettront d'obtenir enfin le résultat que les véritables amis des sciences poursuivent de tous leurs vœux.

Notre globe ne nous appartiendra que lorsque toutes les parties les plus inaccessibles auront été complétement explorées, et que la conquête du pôle nord, comme celle du pôle sud, sera devenue enfin une vérité.

Emprisonnés par la nature à bord d'une sphère étroite qui roule dans un coin de l'immensité, nous devons au moins sentir l'ambition de connaitre tous les coins de la cage roulante qui nous sert de prison.

FIN.

TABLE DES GRAVURES

FIN DES TABLES.

PARIS. TYPOGRAPHIE DE E. PLON ET Cie, RUE GARANCIÈRE, 8.

En vente à la Librairie E. Plon & Cⁱᵉ

Les Aventures aériennes et expériences mémorables des grands aéronautes, par W. DE FONVIELLE. Un vol. in-18 jésus, orné de nombreuses gravures. . . . . 4 fr.

Bosnie et Herzégovine, souvenirs de voyage pendant l'insurrection, par Charles YRIARTE. Un volume in-18 jésus, avec carte et gravures. Prix. . . . . 4 fr.

En karriole à travers la Suède et la Norwége, par Albert VANDAL. 2ᵉ *édition*. Un vol. in-18, illustré de gravures. 4 fr.

Le Caucase, la Perse et la Turquie d'Asie, d'après la relation de M. le baron de Thielmann, par M. le baron ERNOUF. Un joli vol. in-18, enrichi d'une carte et de vingt gravures. 4 fr.

Syrie, Palestine, Mont Athos, voyage aux pays du passé, par le vicomte Eugène-Melchior DE VOGÜÉ. Un volume in-18 jésus, illustré par J. Pelcoq, d'après des photographies. 4 fr.

La Station du Levant, par le vice-amiral JURIEN DE LA GRAVIÈRE. Deux volumes in-18 jésus avec carte. Prix. . . . 8 fr.

L'Ile de Cuba : *Santiago, Puerto-Principe, Matanzas, la Havane*, par Hippolyte PIRON. Un volume in-18, enrichi de gravures. Prix. 4 fr.

Afrique orientale. — Abyssinie, par M. Achille RAFFRAY. Un volume in-18, enrichi d'une carte spéciale et de gravures sur bois, d'après des aquarelles et des croquis de l'auteur. 4 fr.

Le Monténégro contemporain, par G. FRILLEY, officier de la Légion d'honneur, et JOVAN WLAHOVITJ, capitaine au service de la Serbie. Un joli volume in-18 jésus, orné d'une carte et de dix gravures. Prix. . . . . 4 fr.

De Paris à Pékin par terre : *Sibérie, Mongolie*, par Victor MEIGNAN. Un joli volume in-18 jésus, enrichi de gravures et d'une carte. 3ᵉ *édition*. Prix. . . . . 4 fr.

Voyage d'un Jeune Garçon autour du monde, édité par Samuel SMILES, auteur de « *Self-Help* », traduit de l'anglais par madame Charles DESHORTIES DE BEAULIEU. 2ᵉ *édition*. Un volume in-18, orné de gravures et de cartes. Prix . . . 3 fr.

Voyages, Chasses et Guerres, par le marquis DE COMPIÈGNE. Un volume in-18 jésus. Prix. . . . . 3 fr. 50

PARIS. TYPOGRAPHIE DE E. PLON ET Cⁱᵉ, RUE GARANCIÈRE, 8.